부활의 기쁨 100배 맛보기

ANSELM GRÜN
DIE OSTERFREUDE AUSKOSTEN
50 Impulse

Copyright © 2000 Vier-Türme GmbH
D-97359 Münsterschwarzach Abtei
All rights reserved.

Translated by CHEONG Ha-Don
Korean translation copyright © 2002 by Benedict Press
Waegwan, Korea.

Published by arrangement with Vier-Türme GmbH, Münsterschwarzach.

부활의 기쁨 100배 맛보기
2002년 3월 초판 | 2019년 12월 8쇄
옮긴이 · 정하돈 | 펴낸이 · 박현동
펴낸곳 · 성 베네딕도회 왜관수도원 ⓒ 분도출판사
찍은곳 · 분도인쇄소
등록 · 1962년 5월 7일 라15호
04606 서울시 중구 장충단로 188(분도출판사 편집부)
39889 경북 칠곡군 왜관읍 관문로 61(분도인쇄소)
분도출판사 · 전화 02-2266-3605 · 팩스 02-2271-3605
분도인쇄소 · 전화 054-970-2400 · 팩스 054-971-0179
www.bundobook.co.kr
ISBN 978-89-419-0210-2 03230

이 책의 한국어판 저작권은
Vier Türme GmbH와의 독점 계약으로 분도출판사에 있습니다.
저작권법에 의해 한국 내에서 보호를 받는 저작물이므로
무단 전재와 무단 복제를 금합니다.

안셀름 그륀

부활의 기쁨 100배 맛보기

정하돈 옮김

분도출판사

차 례

들어가는 말 | 9

부활을 경축하다 부활 제1주간 | 13

일　무덤가의 여인들 | 13
월　부활을 알리는 천사 | 16
화　삶을 방해하는 돌 | 20
수　죽음의 파수꾼 | 24
목　공포와 체념의 무덤 | 27
금　참으로 부활하셨도다 | 30
토　부활은 해방 | 33

부활하신 분과의 만남 부활 제2주간 | 39

일　일상 속에서 부활하신 주님을 바라봄 | 39
월　생명에로 되돌아감 | 41
화　부활하신 주님이 우리와 동행하시다 | 45
수　내가 겪어야 하는 것이 아니냐? … | 48
목　빵을 쪼갬 | 51
금　부활 이야기를 함께 나눈 공동체 | 53
토　의심과 믿음 | 57

차 례

막달라 마리아 부활 제3주간 ∥ 61

- 일 죽음을 넘은 사랑의 승리 ∥ 61
- 월 사랑하며 믿는 마음 ∥ 65
- 화 이름을 부르시다 ∥ 69
- 수 나를 만지지 말라! ∥ 73
- 목 하느님의 사랑 안으로 받아들여짐 ∥ 77
- 금 나는 주님을 보았다! ∥ 80
- 토 사람들에게 보내졌다 ∥ 83

토마의 학원에서 부활 제4주간 ∥ 87

- 일 내 마음의 닫힌 문 ∥ 87
- 월 너희에게 평화가 있기를! ∥ 90
- 화 예수께서 우리에게 당신의 사랑을 불어넣으셨다 ∥ 94
- 수 체험을 찾다 ∥ 97
- 목 개인적인 신앙고백 ∥ 101
- 금 보지 않고도 믿는다 ∥ 104
- 토 해방시키는 기도의 힘 ∥ 107

부활하신 주님과의 아침식사 부활 제5주간 ∥ 111

- 일 헛수고한 밤 ∥ 111
- 월 저분이 주님이시다! ∥ 114
- 화 우리 삶의 변화 ∥ 117
- 수 우리 가운데 계시는 예수 ∥ 121
- 목 우리의 사랑을 물으심 ∥ 124
- 금 그것이 그대와 무슨 상관이 있습니까? ∥ 128
- 토 넓은 마음 ∥ 131

_____ 차 례 _____

부활과 승천 부활 제6주간 ┃ *135*

일　작별과 위로 ┃ *135*
월　네 마음 깊은 곳 위로 하늘이 열린다 ┃ *138*
화　하늘은 네 안에 있다 ┃ *141*
수　내면의 스승 ┃ *145*
목　우리 자신을 넘어서 높이 들어올려지다 ┃ *148*
금　일상 속 부활의 기쁨 ┃ *151*
토　우리는 하느님의 자녀 ┃ *153*

성령을 기다림 부활 제7주간 ┃ *157*

일　오소서 성령이여 ┃ *157*
월　세찬 바람이신 성령 ┃ *161*
화　불이신 성령 ┃ *164*
수　성령과 새로운 언어 ┃ *167*
목　협조자이신 성령 ┃ *172*
금　성령의 은사 ┃ *175*
토　신도들에게 내린 성령강림의 기적 ┃ *179*

성령강림 ┃ *183*

50일째. 성령과 인간의 완성 ┃ *183*
성령강림 전례 ┃ *187*

맺는 말 ┃ *191*
참고 문헌 ┃ *193*

들어가는 말

초기 교회에서 부활 시기는 전례력의 중심이었다. 그리스도인들은 50일 동안 주님의 부활을 경축했다. 그들은 기쁨에 넘쳐 부활의 알렐루야를 노래했다. 사랑이 죽음을 이기고 우리가 부활로 말미암아 예수 그리스도의 영광에 참여하게 된 기쁨을 그들은 노래로 표현했다. 아우구스티누스는 강론에서 부활 시기의 알렐루야에 대해 이렇게 말했다. "우리도 언젠가는 저곳에서 안심하고 노래할 수 있도록 아직은 걱정 많은 이 세상에서 알렐루야를 노래합시다. … 주변의 편안함을 기뻐해서가 아니라 곤궁 속에서 위안을 찾기 위해 오늘 노래합시다. 방랑자처럼 노래부릅시다. 노래합시다, 앞으로 나아가면서! 곤궁 속에서 노래하며 자신을 위로하고, 짜증내지 맙시다! 노래하며 앞으로 걸어갑시다!"

오늘날 많은 그리스도인들은 부활의 신비에 대한 직감력을 상실했다. 봄날이 기쁘긴 하지만 찬연한 5월은 피어나는 자연을 체험하는 계절일 뿐, 부활과 연관되지는 않는다. 초기 교회에서는 이것이 어우러져 있었다. 예수 그리스도의 부활이 피조물을 새롭게 하기도 한다.

_____ 들어가는 말 _____

부활은 원래 봄의 축제였다. 유대인들은 가나안의 봄축제를 파스카 축제에서 따로 떼어 새롭게 해석했다. 그리스도인들은 부활의 신비에서 진정한 봄을 깨달았다. 생명은 죽음보다 강하다. 싸늘한 무덤이 꽃피는 정원으로 변했다. 삶을 방해하는 사슬에서 우리를 풀어 준다. 부활을 통해 우리는 영육간에 새로운 활기를 찾는다.

 부활 시기 50일 동안 걷는 부활의 길은 더 큰 활기와 자유와 기쁨으로 들어가는 길이다. 그것은 바로 우리가 반기는 사람됨의 길이다. 우리는 그 길을 경축함으로써 하느님이 주신 가능성에 한층 가까이 다가가야 한다. 부활의 길을 간다는 것은 삶의 온갖 장애로부터 자유로워지고, 삶의 너름새와 자유를 체험하기 위해 힘차게 앞으로 나아가는 것이며, 미망에서 깨어나 참 삶을 채비하는 것이다. 사순 시기와 수난 시기에 우리는 예수 통고의 길을 묵상하면서 우리 자신의 상처를 돌아보았다. 그러나 부활 시기에는 그 상처들을 떨쳐 버리자. 그리고 상처에서 피어나는 삶으로 향하자. 많은 사람들이 늘 과거의 상처만 파고드는 바로 오늘에, 부활의 길은 온갖 상처와 폐색보다 더 강한 삶으로 우리를 인도할 것이다.

 부활의 길은 치유의 길이다. 이 길은 삶으로 들어가는 훈련이다. 치유란 보통 우리의 상처를 돌보고 인생

_____ 들어가는 말 _____

사의 억압과 괴로움을 다스린다. 이는 실로 의미있는 일이다. 그러나 어떤 이는 상처에 얽매여 있다. 그들은 늘 해묵은 상처에 접근할 새로운 길을 찾는다. 그러면 상처는 자신의 주위를 맴돌기 십상이며 정서를 음울하게 할 뿐이다. 이것이 우리 사회의 특징이다.

 부활의 길은 시작부터 다르다. 부활의 길은 우리 안에 피어날 삶에서, 우리의 가능성과 능력에서, 하느님이 우리에게서 이끌어내고자 하는 것들에서 시작된다. 복음사가들이 들려주는 많은 치유사화들처럼 부활사화 역시 치유적 성격을 띤다. 따라서 독자들은 이 부활의 길을 부활 시기뿐만 아니라 연중 내내 걸어도 무방하리라. 삶이 위협당할 때, 우울과 좌절에 시달릴 때, 실망과 체념이 엄습할 때면 늘 부활의 길을 묵상하라. 그러면 죽음을 이기고 무덤에서 일어나며 내면의 경직을 깨치고 부활의 너름새와 자유에로 인도해 주는 삶을 새로이 맞이하게 될 것이다. 매주일 예수 부활을 경축한다면 우리는 주일마다 부활의 길을 가는 셈이다. 이렇게 하는 것은, 일상이라는 신물나는 감옥에서 끔찍하게 반복되는 노동에 지친 주중의 삶이 우리 안에서 새롭게 도약할 수 있게 하기 위함이다. 피정중에도 부활의 길은 하느님이 예수의 부활을 통해 우리에게 보여주고 허락하시는 삶으로 들어가도록 독려할 것이다.

_____ **들어가는 말** _____

 매주당 부활 복음 하나씩을 골랐다. 나는 이 복음들에서 그날그날에 맞는 상징이나 형상을 우리 삶의 상황 속으로 끌어들여 해석하려 했다. 그리하여 나날의 삶을 다른 눈으로 보고 체험할 수 있게 하는 '그림'을 그려 볼 것이다. 그림 하나하나는 상황에 따라 각기 다른 빛으로 부활의 신비를 드러낼 것이다. 각 해석의 말미에는 상황에 따라 부활의 생명이 상처입은 영혼에 스며들어 치유로 인도하는 '연습 문제'를 달아 두었다. 때로는 구체적인 삶을 통해서만 대답할 수 있는 질문을 던지기도 할 것이다.

 부활 복음의 상징과 형상들은 사도행전의 원형적인 이야기로 보완된다. 루가는 이야기의 스승이다. 그의 이야기들은 제자들이 처한 상황에 부활의 빛을 비추는 그림과 같다. 루가는 사도행전을 부활의 역사로 썼고, 사도들이 걸었던 부활의 길로 묘사했다. 사도들 스스로가 활동을 통해 부활을 거듭 체험했다. 루가는 우리 삶의 다양한 상황 속에서도 부활이 가능하다는 것과, 우리 안에 있는 감옥의 높은 담을 부수고 삶의 "새 길"로 걸어갈 수 있다는 것을 보여주려 한다. 루가에게 그리스도교적 길은 참삶을 찾는 "새 길"이다. 이 "새 길"이 그대에게도 부활의 길, 자유와 부활의 기쁨에 함께 동참하는 길이 되기를 바란다.

부활을 경축하다
부활 제1주간

■ 주일
무덤가의 여인들(마태 28,1)

무덤으로 가는 여인들과 부활하신 분을 만나는 여인들은 모든 부활 복음에 등장한다. 여인들은 부활의 첫 증인이다. 그것은 분명 남성 중심의 교회에 대한 도전이었다. 여인들의 전언에 대한 남자들의 불신은 루가의 진술에서 드러난다. "사도들은 그 말이 헛소리처럼 여겨져서 믿지 않았다"(루가 24,11). 남자들은 모든 것을 보고 이해하려 한다. 그래서 보이지 않는 것은 보지 못한다. 여성은 탄생과 죽음에 대한 직감력을 지니고 있다. 남자들이 도망갈 때 여인들은 십자가 아래 버티고 있었다. 여인들은 무덤을 열고 일어나는 새로운 탄생과 새로운 삶에 대한 증인이기도 하다.

마태오 복음서에서 여인들은 안식일이 지나고 이튿날 동틀 무렵 무덤을 "보러" 갔다(마태 28,1). 그리스어 "테오레인"theorein은 "보다, 묵상하다, 숙고하다, 관찰하다"라는 뜻이다. 여인들은 무덤을 살펴보고 그들의 마음을 감동시킨 분을 말없이 바라보려고 했다. 보아하니 그들은 무덤을 지킬 작정이었던 것 같다. 그들은 죽음에 임해서도 예수님과 함께 있고 싶었고 그분 곁에 머물며 그분 삶의 신비를 더듬어 보고자 했다. 그들은 한밤중에 길을 나서 무덤가에서 슬픔을 참아낼 줄 아는 용기가 있었다. 바로 그때문에 부활을 체험하고 부활하신 분을 만날 수 있었다. 여성은 임종을 지키거나 묘지를 찾아가거나 친척들의 무덤 곁에 있는 것을 그다지 꺼리지 않는다. 그들에게 죽음은 탄생과 마찬가지로 똑같이 삶의 일부이기 때문이다. 그러나 남자들은 질병이나 죽음 앞에서 두려움을 느끼기 때문에 그런 이야기는 가급적 피하고 싶어한다. 그들은 임종하는 이들에게 무슨 말을 해야 할지를 모른다. 슬퍼하는 사람과 함께 있기를 무척 어려워한다. 그러나 그렇게 해서는 죽음의 변모를 체험할 수 없다. 여성은 죽음을 넘어서까지도 삶을 신뢰한다. 그래서 여인들은 길에서 부활하신 분을 만났을 때 스스럼없이 그분께로 다가갔다. 그들은 "다가가 그분 발을 붙잡고 절했다"(마태 28,9). 여인들은 죽음보다 강한 생명의 신비 앞에 몸을 숙였다. 그들은 사랑스럽게 그분의 발을 붙잡았다. 무덤에 가까이 가는 것을 두려워하지 않았기 때문에 여인들은 부활하신 분을

___부활 제1주간___

만질 수 있었고 죽음을 이기신 생명을 그분에게서 감지해낼 수 있었다. 마르코와 루가는 여인들이 예수의 시신에 향유를 바르기 위해 이른 아침 무덤으로 갔다고 서술하고 있다. 그분께 마지막으로 사랑스런 일을 해드리고 싶었으므로, 여러 가지 향료로 향기 좋은 기름을 직접 만들었다. 예수께 대한 여인들의 사랑은 그분의 죽음과 함께 끝나지 않았다. 그래서 예수의 시신을 붙잡았다. 얼핏 보기에 그것은 바보짓 같다. 중동 지방의 기후 조건으로 보아 시신은 이미 썩기 시작했을 것이기 때문이다. 하지만 사랑은 언제나 기적을 믿는다. 사랑은 죽음보다 강하다. 여성은 그것을 몸으로 체험한다. 여인들은 예수의 시신이 아니라 부활하신 분을 만난다. 예수는 살아 계시다. 이렇듯 여인들의 사랑은 헛되지 않고 영원히 살아서 사랑하시는 분께로 향하고 있다.

⚜

오늘날 교회가 여성들의 소식에 더 많은 신뢰를 가지면 좋겠습니다. 여성은 우리 안에서 생명을 일깨울 수 있는 민감한 직감력을 지니고 있습니다. 그러므로 부활 복음은 오늘 특별히 여성들이 가정과 직장에서, 혹은 개별적인 만남에서 그대에게 하고 싶어하는 말을 주의깊게 들으라고 권합니다. 어디서 그대는 새로운 것과 비일상적인 것에 대한 소식을 듣습니까? 그대는 그들의 어떤 말에서 부활의 특징을 찾아냅니까? 우리는 모두 "여성성"(Anima)을 지니고 있습니다. 무덤에서 부활하신 분을 만난 여인들은 우리가 자신의 "여성성"을 신뢰하도록 격려해 줍니다. "여성성"은 영혼을, 우리 마음의 내적인 예감을 대변합니다. 우리는 마음에 고요한 동요가 일 때 부활을 체험합니다. 일어나 바로 이 사람들에게 다가가고, 주저하던 말을 해버리고, 우리를 짓누르던 문제를 해결할 용기를 갖도록, 부활하신 분이 우리 마음을 살짝 건드리는 것을 종종 경험하지 않습니까? 그러기에 그대는 오늘 고요한 내면의 소리에 의식적으로 귀기울여 보십시오. 그 소리는 부활이 오늘 그대에게도 현실이 될 수 있음을 압니다. 생명이 죽음을 이기고 사랑이 죽음보다 강하다는 것을 믿습니다.

■ 월요일
부활을 알리는 천사(마태 28,2 이하)

모든 복음사가들이 무덤가의 여인들에게 천사가 나타났음을 전한다. 천사는 여인들에게 빈 무덤을 가리켰다. 처음엔 그들도 영문을 몰랐다. 그러자 천사는 그들에게 부활하신 분에 관해 넌지시 귀띔해 주었다. 천사는 예수께서 살아 계실 때 그들에게 하신 말씀들을 설명했다. 눈부신 천사의 빛을 받아 여인들은 비로소 예수의 말씀을 이해했다. 루가가 사도행전에서 천사의 활동을 전하는 시점은 언제나 부활이 사도들에게 현실이 되는 때이다. 그래서 부활 천사를 바라보지 않고서는 부활을 이야기할 수 없다. 부활이 있는 곳에 천사도 함께 있다. 천사는 우리 삶의 놀랍고 이해할 수 없는 사건들을 부활의 신비로 해석해 준다.

마태오 복음서에는 마치 천사가 부활을 일으킨 것처럼 되어 있다. 여인들이 어둠을 헤치고 무덤을 보러 왔을 때 주님의 천사가 하늘에서 내려와 "돌을 굴려 내고 올라앉았기 때문이다. 그의 모습은 번개 같고 옷은 눈같이 희었다"(마태 28,2-3). 천사가 우리 삶 속으로 들어오면 우리에게 부활이 있고, 무덤이 열리면서 우리를 가로막은 돌이 치워진다. 천사를 통해 하느님은 우리의 구체적인 세상 속으로 들어와 역사役事하신다. 천사를 통해 하느님의 빛을 캄캄한 어둠 속에서 체험하게 된다. 천사는 창조된 실재實在라고 신학은 말한다. 우리는 천사를 통해 무한하고 알 수 없는 하느님을 체험할 수 있다. 천사는 우리의 어둠 한복판에서 빛으로 체험된다. 불현듯 어느 한순간 우리 안에서 반짝하고 비친다.

_____ 부활을 경축하다 _____

우리는 더이상 안개 속에 있지 않다. 돌연 모든 것이 분명해진다. 이제는 우리가 부단히 수고를 들이는 일상의 쓰레기로 더럽혀지지 않으리라 느껴진다. 우리의 옷도 눈처럼 희다. 내면은 투명하고 맑고 깨끗하다. 우리에게 말을 건네오거나 우리를 바라보는 사람이 바로 천사일지도 모른다. 그 눈길에서 우리를 비추는 빛을 알아본다. 무엇인가 우리를 향해 빛나고 있다. 그것은 우리를 밝혀주고 영혼의 빛으로 우리를 흔들어 놓는다. 누군가의 눈이 형형히 빛나는 것을 볼 때마다 우리에게 부활이 이루어진다.

  마르코 복음서에 보면 여인들이 무덤에 다다랐을 때 돌은 이미 치워져 있었다. 그들이 무덤 안으로 들어가 보니 거기에는 "웬 젊은이가 흰 예복을 입고 오른편에 앉아 있었다. 그들은 몹시 놀랐다"(마르 16,5). 루가 복음서에서는 눈부신 옷을 입은 두 남자가 놀란 여인들에게 말을 건넨다. 두 복음사가에게 여인들의 공통된 반응은 놀람이다. "천사는 무섭다"고 라이너 마리아 릴케가 말했다. 천사를 통해 다른 실재, 즉 하느님의 현존이 우리 삶 속으로 들어온다. 그래서 그것은 매혹적일 뿐 아니라 늘 놀라운 것이기도 하다. 그 놀라움은 뼛속까지 파고들어 온다. 천사가 천진스럽고 귀여운 것만은 아니다. 부활은 힘있는 사건이다. 그래서 무덤이 열리고 묶인 것과 굳은 것이 풀렸다. "놀람"이란 본래 "뛰어오르다, 펄쩍 열리다"라는 뜻이다. 주님의 천사 앞에서 놀란 이는 그 자리에 그냥 있을 수 없다. 펄쩍 뛰게 된다. 더는 방관자의 입장에 머물 수가 없다. 내면에서 충격을 받은 그는 천사의 권능한 실재와 대면하기 위해 벌떡 일어나야 할 것이다.

요한 복음서에 보면 무덤 속에 두 천사가 앉아 있다. 베드로와 요한은 흰 옷 입은 두 천사를 못 보고 지나친다. 그러나 여인들이 무덤으로 들어갔을 때 막달라 마리아는 천사들을 알아본다. 천사들은 막달라 마리아에게 다정스럽게 말을 건넨다. "왜 울고 있소?"(요한 20,12). 여기서는 천사가 놀래키지 않는다. 천사가 먼저 슬퍼하는 여인들에게 말을 건다. 질문의 분위기에서 여인들의 울음을 이해하고 있는 것이 느껴진다. 두 천사는 물음으로써 뭔가를 움직이게 한다. 막달라 마리아는 움직여 뒤돌아보고 부활하신 분을 만난다. 한 인간의 말이 우리를 진정으로 움직이게만 한다면 우리에게도 부활이 이루어진다. 내가 돌아서고, 방향을 바꾸도록 한 사람의 말이 나를 감동시키면 내 삶에도 부활의 신비가 시작된다. 내게 말을 건네오는 것이 항상 사람일 필요는 없다. 부활의 천사가 하느님의 말씀을 통해 내게 말을 건넬 수도 있다. 내가 돌아서고, 되돌아가도록 성서 말

쓺이 내 마음에 와닿으면 나는 마비에서 풀려나 부활을 체험하게 된다.

✣

오늘 그대 내면의 무덤 속에서, 그대의 어둠 속에서 천사를 바라보십시오! 그대에게 말을 건네는 천사의 말을 들어보십시오! 그가 그대의 삶으로 들어오면 뒤돌아서십시오! 태양 아래 아무것도 새로운 것이 없다고 그대를 설득시키려는 많은 말들로부터 등돌리십시오! 그대에게도 놀라운 일, 예기치 못했던 일, 부활의 기적이 일어납니다.

■ 화요일
 삶을 방해하는 돌 (마태 28,2)

무덤을 막은 돌은 삶을 방해하는 장애의 상징이다. 돌에 짓눌려 도저히 살 수 없을 지경에 이르렀다고 느끼는 이들이 많다. 그것은 과거의 짐일 수도 있고 숱한 생채기들일 수도 있어서 우리가 다시 일어나 가야 할 길을 가지 못하게 막는다. 그것은 우리를 마비시키는 심리적 억압일 수도 있다. 때로는 미래의 사건들이 돌처럼 우리 마음에 자리하고 있다. 상담이나 시험이나 어려운 수술을 앞두면 불안해진다. 돌처럼 가슴을 짓누르는 것이 때로는 어떤 특정인일 수도 있다. 그들은 우리보다 힘이 세다. 그 곁에서는 숨조차 제대로 쉴 수가 없다. 우리를 조이고 막아선다. 우리 모습 그대로 있게 놔두질 않는다. 우리는 그들의 무지막지한 호통소리와 파괴적인 힘 앞에서 공포를 느낀다. 그들은 돌과 같아서 우리 안에 꽃피울 삶을 저해한다.

부활이란, 천사가 하늘에서 내려와 그 돌을 치우는 것이다. 삶을 방해하는 짐들을 밀쳐내는 것이다. 그러면 다시 편하게 숨쉴 수 있다. 어느 한순간 돌이 느껴지지 않는다. 천사가 밀쳐낸 돌 위에 승리자처럼 앉아 있다. 돌은 죽음에 승리한 삶의 표징이다. 그것은 무덤이 열리고 우리가 다시 일어날 수 있는 기적이 나타났음을 상기시켜 준다. 어떻게 하면 돌이 주는 부담에서 자유로워질 수 있는지에 대해 생각도 많이 하고 대화도 숱하게 나누었으리라. 하지만 모든 것이 허사였다. 이런 때 갑자기 우리 삶에 천사가 나타난다. 어떻게 우리에게 그런 일이 일어났는지도 모르는 사이, 돌은 이미 치워져 있고 우리는 다시 생명을 느낀다.

어떤 이는 돌심장이다. 그들은 감정에 대해 아주 폐쇄적이어서 마음이 돌처럼 굳어버렸다. 차디차고 삶에서 소외되었다. 무덤을 막은 돌 너머에는 시체가 썩고 있다. 라자로 이야기에서 굴무덤 앞의 돌은 관계의 단절을 상징한다. 돌 저편에 누운 사람은 산 사람들과 관계 맺지 않는다. 관계가 단절되면 사람은 부패하고 "냄새가" 나기 시작한다(요한 11,39). 예수의 사랑이 돌을 파고 스며든다. 그 사랑은 너무 강해 돌을 뚫고 라자로와의 우정을 회복시키기에 충분하다. 사랑은 무덤 속까지 스며들었다. 예수는 "눈물을 흘리고" "속으로 비통해" 하는 것으로 당신의 사랑을 드러내셨다(요한 11,35.38). 유대인들은 그분의 사랑을 느꼈다. "보시오. 얼마나 그를 사랑했는가!"(요한 11,36). 그러나 예수는 사랑의 감정에만 사로잡혀 있지 않았다. "돌을 치우시오"(요한 11,39) 하셨다. 그리고 하늘을 우러러 아버지께 기도하시고 큰 소리로 "라자로, 나오시오!"(요한 11,43) 하고 외치셨다. 목소리는 돌을 뚫고 들어갈 수 없다. 그러나 돌이 치워지면, 죽어서 우리 안에 많은 것이 썩어 갔어도 예수의 말씀이 들린다. 죽은 사람을 다시 살릴 수 있을 만큼 라자로에 대한 예수의 우정은 강하다. 죽은 이를 무덤 속에서 불러내고 묶었던 띠와 수건을 풀어준 것은 사랑의 말씀이었다. 예수께서는 사랑의 말씀으로 불안과 순응의 모든 사슬에서, 우리의 참 얼굴을 가리고 있는 띠와 수건에서 우리도 풀어주고 싶어하신다. 사랑의 말씀

부활 제1주간

이 우리를 무덤에서, 우리의 참 얼굴을 가리고 있는 모든 것에서 해방시킨다.

라자로의 죽은 심장을 뚫고 들어가 새 생명을 일으킨 것은 바로 예수의 사랑이다. 예수께서 부활하실 때 돌을 치워줄 천사를 보낸 것은 아버지의 사랑이다. 아버지의 사랑이 죽음의 어둠 속까지, 부패와 마비의 죽음 한복판까지 스며든다. 아버지의 사랑이 당신 아들을 일으켰다. 이는 우리에게도 적용된다. 우리가 공포와 마비의 돌무덤에 갇혀버리면 아버지는 우리에게도 당신의 천사를 보내신다. 그분의 사랑이 우리를 가둔 무덤의 돌을 치우고 우리에게 새 삶을 일깨울 것이다.

✠

어떤 '돌'이 그대의 삶을 방해합니까? 그것을 말해 버리고, 기도중에 하느님께 보여 드리십시오. 원한다면 돌 몇 개를 골라 보십시오. 무엇이 그대를 짓누르고 무엇이 그대 삶을 방해하는지 그 돌 위에 적어 보십시오. 그런 다음 냇물이나 호수에 던져 버리십시오. 그대가 원하는 만큼 많은 돌들을 즐거운 마음으로 던져 버리면서 부활을 경축하십시오. 그리고 돌 하나를 던질 때마다 그대의 장애물이 사라진다고 상상해 보십시오. 돌들

_____ 부활을 경축하다 _____

이 더이상 삶을 방해하지 않을 때 생기는 내면의 넉넉함을 느끼며 이제는 편안히 숨 내쉬어 보십시오.

■ 수요일
죽음의 파수꾼(마태 28,4)

마태오 부활사화에는 로마 군인들이 예수의 무덤을 지키고 있다. 대제관들과 바리사이들은 부활하리라는 예수의 말씀이 참으로 이루어질까 두려웠다. 그래서 빌라도에게 보안 조치를 취하고 무덤을 지켜줄 것을 청한다. 빌라도는 "당신네 경비대가 있으니 당신네가 잘 아는 대로 지키시오"라고 대답한다. "그들은 가서 돌을 봉인하고 경비대로 하여금 무덤을 단단히 지키게 했다"(마태 27,65-66). 하지만 하늘에서 천사가 내려와 돌을 굴리자 경비병들은 "무서워 떨다가 마치 죽은 사람처럼 되었다"(마태 28,4). 하느님을 상대로 보안 조치를 취할 수는 없다. 무덤을 더없이 단단히 봉인하고 지킬 수는 있다. 그러나 하느님이 우리 삶에 개입하는 순간, 죽음의 파수꾼은 쓰러진다. 하느님을 무덤에 가둘 수는 없다.

죽은 이가 부활하지 못하도록 지키는 경비병들은 죽은 이가 살아나는 동안 죽은 듯이 땅 위에 쓰러진다. 이것이 부활의 역설이다. 우리 안에도 이러한 죽음의

부활 제1주간

파수꾼이 있다. 이들은 모든 것이 예전처럼 그대로 있도록, 원칙이 흔들리지 않도록 감시한다. 파수꾼은 원칙을 수호한다. 우리가 머리로 결정한 것은 꼭 해야만 직성이 풀린다. 바리사이들은 그렇게 여겼다. 그러나 그들은 하느님을 염두에 두지 않았다. 자기네들의 생각이 자칫 현실에 맞지 않을까 두려워 그들의 이념을 온갖 강제력으로 관철하려고 했다. 권력을 공고히 하는 데는 군인이 필요하다. 공포는 언제나 경비병을 필요로 하고 군인은 그들을 위해 싸울 수밖에 없다.

우리 안에도 이런 공포가 있다. 우리는 종종 삶의 현실 앞에서 두려움을 느낀다. 삶을 우리에게 맞는 모델에다 끼워 맞추려고 한다. 하느님이 우리가 원하는 대로 하지 않으실 것 같아 두렵다. 그래서 신앙생활을 할 때도 우리의 신앙 원칙을 고수할 파수꾼을 세운다. 그것들이 흔들려서는 안된다. 우리는 하느님에 맞서서 보안 조치를 취한다. 그러나 부활의 하느님은 우리의 기본 원칙을 전부 내던져 버리신다. 하느님이 우리의 삶에 개입하시면 지진이 일어난다. 그러면 죽음의 파수꾼들은 땅 위에 쓰러진다.

죽음의 파수꾼들은 우리 안에만 있는 것이 아니다. 온 세상에 널려 있다. 권력을 고착시키려 하고, 원하는 것은 어떤 일이 있어도 관철하려 하는 자들이 늘 그들

_____ 부활을 경축하다 _____

이다. 바리사이들은 권력을 유지할 목적으로 거짓을 이용한다. 대제관들은 경비병들이 예수의 부활을 막지 못하자 진실을 퍼뜨리지 못하도록 그들을 매수한다. 대제관들의 권력과 확신을 흔들지 않으려면 거짓 소문을 퍼뜨려야 한다. 이러한 권력에 시비를 거는 예언자가 생기지 않도록, 진실을 왜곡하고 백성들의 무덤을 지키게 하는 독재자들이 많다. 무덤 경비병들은 부활의 정치적 차원을 대표하고 있다. 그러나 정당, 독재자, 권력자가 아무리 나라의 무덤을 잘 지킨다 해도 소용이 없다. 하느님의 힘이 더 강하기 때문이다. 그분의 힘은 생명을 소생시킨다. 지진이 일어나듯 그분의 힘이 인간의 공고한 권력을 부수고 들어오면 돌 하나도 남아나지 않는다. 그러면 죽음의 파수꾼도 어쩔 도리가 없다. 생명이 승리하고 진리가 소생하는 것을 막을 수 없다.

⚜

그대 죽음의 파수꾼은 어디 있습니까? 왜 그대는 사념들을 그냥 내버려두려고 하지 않습니까? 왜 규범과 원칙 뒤에 숨어 버립니까? 그대 죽음의 파수꾼을 부활 천사의 빛 속에 두십시오! 그는 그대를 일으키기 위해 죽음의 파수꾼을 땅 위에 쓰러뜨릴 것입니다.

부활 제1주간

■ 목요일
　공포와 체념의 무덤(사도 3장)

　부활은 일어남과 관계 있다. 많은 사람들이 공포와 체념, 실망과 상처로 점철된 무덤에 그냥 머물러 있으려 한다. 삶이 두려워 적당히 무덤에 적응하며 산다. 일어난다는 것은 곧, 내가 다칠 수 있다는 뜻도 된다. 일어나면, 삶과 대면해야 한다. 바로 이 점이 두려운 것이다. 그래서 차라리 누워 있고 싶어한다. "일어나다"라는 뜻의 그리스어 "에게이렌"egeiren은 예수의 부활에도 사용되었지만 예수가 환자들에게 일어나 걸어라고 명하는 여러 치유사화에도 사용되었다. 이들 치유사화에도 부활이 있다. 사람들이 두려움의 사슬에서 풀려나 더이상 억압과 장애 때문에 침상에 매이는 일 없이, 일어나 침상을 들고 걸을 용기를 얻는다(요한 5,1-10 참조). 루가는 예수의 치유사화뿐 아니라 사도들의 치유사화도 전한다. 여기에는 부활의 신비가 제자들을 의해 계속되고 있다. 루가는 부활이 일회적인 사건이 아니라, 예수의 부활을 믿음으로써 우리 자신도 부활을 체험하고, 남들도 삶으로 일깨울 수 있음을 보여주려 했다.
　사도행전 3장에서 루가는, 베드로와 요한이 예수가 운명한 오후 세시에 기도하러 성전으로 올라갔다고 한다. "모태에서부터 앉은뱅이가 된 사람 하나를 들어다 놓았다"(사도 3,2). 그가 사도들에게 자선을 청하자 베드로가 말한다. "'은과 금은 없소. 그러나 내가 가진 이것을 주겠소. 나자렛 사람 예수 그리스도의 이름으로 일어나 걸으시오.' 그리고 오른손으로 그를 잡아 일으키자 곧 그가 발과 발목이 튼튼해져서 벌떡 일어나 걸었고 그들과 함께 성전으로 들어가 걸어다니기도 하고 껑충껑충 뛰기도 하며 하느님을 찬양했다"(사도 3,6-8). 제자들은 예수의 힘으로 태생 앉은뱅이를 일으켜 걷게 했다. 제자들이 줄 수 있는 보화는 부활하신 분에 대한 믿음이다. 이 믿음은 다른 이들도 부활로 인도할 수 있다. 믿음은 억압을 떨치고 하느님이 내리신 힘을 신뢰할 용기를 준다. 그것은 앉은뱅이가 성전을 뛰어다니며 하느님을 찬양한 데서 잘 드러난다. 백성들이 모여든다. 이제 베드로에게도 부활이 일어난다. 베드로에게는 무엇보다도 백성들 앞에서 연설할 용기가 생겼다. 이 무식한 사람이 에워싼 백성들에게 부활의 기쁜 소식을 전한다. "생명의 창시자를 죽였습니다. 그러나 하느님은 죽은 이 가운데서 그분을 살리셨습니다"(사도 3,15). 예수는 생명을 주관하는 분이다. 그분을 믿는 사람은 그분 안에서 참생명을 얻게 된다. 베드로는 이런 말로 연설을 끝냈다. "하느님은 여러분을 위해 먼저 당신 종을 다시 살리고 보내시어, 여러분 각자를 악에서 돌아서도록 복을 내리게 하셨습니다"(사도 3,26). 예수 부활의 목적은 사람들이 그분을 통해서 축복받고 더이상 악한 옛 길이 아닌 생명의 새 길로 가는 데 있다.

부활의 체험은 계속된다. 베드로와 요한은 성전 경비병들에게 체포되어 감옥에 갇혔다. 이튿날 그들은 심문을 받았다. 베드로는 겁내지 않았다. 사람들은 그가 부활의 기쁨으로 가득찼음을 그의 말에서 느낄 수 있었다. 그것은 예수의 부활에 대한 기쁨일 뿐 아니라 앉은뱅이와 자신이 직접 체험한 부활의 기쁨이기도 했다. 그는 사두가이들한테 겁먹지 않았다. 그들은 베드로의 말에서 진솔함과 내적 자유를 감지했다. 그것은 십자가 위에서 죽고 부활하신 주님의 이름으로 일어난 치유의 결과였다. 유대인 지도자들은 그에게 설교를 금지시켰다. 그러나 베드로는 예수 부활에 대해 말할 때처럼 당당하게 대답했다. "하느님의 말씀보다 여러분의 말을 듣는 것이 하느님 앞에서 옳은 일인지 판단해 보시오. 우리는 보고 들은 것을 말하지 않을 수 없습니다"(사도 4,19-20). 부활의 체험은 협박으로 막을 수 없다.

✢

_____ 부활을 경축하다 _____

부활의 힘을 믿으십시오! 경직과 억압을 털어버리십시오! 남들이 그대에 대해 어떻게 생각할지 두려워하지 말고, 일어나 그대의 길을 가십시오! 어떤 문제 앞에서 두려움을 느낀다면 "일어나 너의 침상을 들고 걸어가라!"는 예수의 말씀을 기억하십시오! 그대의 두려움을 껴안고 문제를 향해 걸어가십시오! 그것을 움켜잡으십시오! 그러면 부활을 체험하게 될 것입니다. 그대 안에 부활의 힘이 있습니다. 굳이 일어나려고 애쓰지 않아도 됩니다. 그리스도께서 그대 안에서도 이루고 싶어하시는 부활을, 그저 신뢰하기만 하면 됩니다.

■ 금요일
참으로 부활하셨도다!(사도 2,23 이하)

신약성서는 부활을 그리스어 "에게이렌"egeiren 혹은 "에게르테"egerte라는 말로 표현한다. "일깨우다, 일으키다", 혹은 "일어나다, 일으켜 세우다"라는 뜻이다. 부활을 뜻하는 또 다른 그리스어는 "아나스타시스"anastasis이다. "에게이렌"이 하느님의 행위에 중점을 둔다면 "아나스타시스"는 보다 동적인 일어남을 뜻한다. 사도행전에서 베드로와 바울로는 하느님께서 예수를 썩도록 두지 않고 죽은 이들 가운데서 깨워 일으키셨음을

부활 제1주간

거듭 말하고 있다. "하느님이 그분을 죽음의 고통에서 풀어 다시 살리셨습니다. 그분이 죽음에 사로잡혀 계실 수는 없었기 때문입니다"(사도 2,24). 부활은 당신 아들 예수 그리스도에게 취해진 하느님의 적극적인 행위다. 하느님이 아들 편에 서 계시어 그를 죽음의 권세에서 해방시키셨다. 예수는 죽는 순간에도 하느님의 손 안에 계셨으므로 아버지의 자비로운 손이 그분을 죽음의 사슬에서 풀어주셨다. 예수를 죽음에서 부활시키신 하느님은 우리도 부활시키실 것이다. 우리의 삶과 죽음도 하느님 손 안에 있다. 착한 목자 예수께서는 아무도 우리를 아버지 손에서 빼앗을 수 없을 것이라 약속하셨다(요한 10,29 참조). 죽음은 우리를 이기는 궁극의 권세일 수 없다. 아버지의 손이 더 강하다. 그럼에도 불구하고 예수는 죽으셨고, 우리도 죽을 것이다. 그러나 죽음은 종국이 아니다. 그리스도와 함께 부활하여 영원한 생명을 누리도록 하느님은 우리를 죽음의 잠에서 깨우실 것이다. 우리가 스스로의 힘으로 부활하는 것이 아니다. 아버지께서 우리를 일으키시기 때문에, 하느님 친히 우리를 사랑으로 대하시기 때문에 부활하는 것이다.

일으켜진다는 것은 삶의 끝에 오는 죽음에만 해당되는 것이 아니다. 우리는 살면서도 죽음의 잠 속으로 늘 빠져들곤 한다. 많은 사람들이 잠 속에 산다. 그들이

_____ 부활을 경축하다 _____

사는 세계는 미망으로 가득차 있다. 그들은 헛것에 속고 있다. 현실과는 거리가 멀다. 인도의 예수회 신부 앤소니 드 멜로는 신비를 가리켜 "현실로의 각성"이라 했다. 하느님을 체험하는 이는 깨어 있다. 신비론은 온전히 하느님의 빛으로 인해 깨달음을 얻은 자에 대해서만 말하지 않는다. 부활한 자, 깨어난 자, 영적인 길을 통해 삶의 미망에서 해방된 자들에 대해서도 말하고 있다. 그들은 하느님을 만났기 때문에 깨어난 것이다. 하느님께서 친히 그들을 일으키시고 흔들어 깨우셨다. 각성의 과정은 때로 고통스럽다. 아침에도 일어나기 싫을 때가 많다. 계속 비몽사몽간을 헤매고, 몽환 속에 사는 편이 더 나아 보일지도 모르겠다. 로마노 과르디니도 소싯적에는 꼭 이불 속에 파묻혀 살았던 것 같다고 고백한다. 현실과 동떨어진 자신만의 세계에 갇혀 살았던 것이다. 그는 대학을 다니면서 비로소 깨어났고 현실에 직면하게 되었다. 이러한 단계를 거치는 사람들이 많다. 참삶을 살지 않고 꿈길 속을, 현실계와는 무관한 비현실계를 헤매고 다니는 것이다. 예수의 부활을 믿는다는 것은, 현실을 볼 수 있도록 그분이 우리를 잠에서 깨우고 우리 눈을 열어 주시기를 하느님께 간청한다는 것이다. 하느님이 깨워 주시는 잠의 종류는 여러 가지다. 우선 안일의 잠이다. 우리는 안일 속에 잠든다. 우

부활 제1주간

리는 무엇엔가 속고 있으며, 우리 자신의 손이 아니라 하느님의 손 안에 있다는 것을 알지 못한다. 현실 도피의 잠도 있다. 뭔가 불편해지면 잠을 청하는 사람들이 있다. 그들은 항상 피곤해서 잠으로 도피한다. 현실을 이겨낼 수가 없다. 어느 여선생은 일어나기가 힘겨워 직업을 포기해야 했다. 자명종 소리를 듣지 못했던 것은 힘든 현실로부터의 무의식적 도피였으며 삶의 요구에 대한 저항이었음이 분명하다.

⚜

오늘 하루를 내내 깨어서 살도록 노력해 보십시오! 그대가 어디서 미망으로 도피하는지, 어디서 잠 속으로 뒷걸음질치는지를 관찰해 보십시오! 눈을 크게 뜨십시오! 있는 그대로의 현실을 바라보십시오! 깨어 일어나십시오! 주의깊게, 바르게, 깨인 의식으로 사십시오!

■ 토요일
  부활은 해방(사도 16장)

마태오는 부활을 큰 지진으로 묘사한다(마태 28,2). 예수의 부활은 어떤 움직임을 동반한다. 여기에 우리 삶의 기

_____ 부활을 경축하다 _____

본 축제들이 뒤섞여 흔들리고 있다. 루가는 사도행전에서 부활이 어떻게 우리 삶에서도 지진으로 일어날 수 있는지 이야기한다. 바울로와 실라는 깊숙한 감방에 갇히고 발에는 차꼬가 채워졌다. "한밤중에 바울로와 실라가 기도하면서 하느님을 찬양하고 다른 죄수들은 귀담아 듣고 있는데 갑자기 큰 지진이 일어나 감옥의 기초가 흔들리고 곧 문들이 열리면서 모든 이의 사슬이 풀렸다"(사도 16,25-26). 이것은 우리 삶에서도 체험할 수 있는 부활을 멋지게 그려내고 있다. 우리는 종종 공포와 고독과 우울의 감옥에 갇혀버린 느낌을 받는다. 때로는 인생사의 전형들이 탈출할 수 없는 감옥을 만들어내기도 한다. 우리는 항상 잘못을 자신에게서만 찾으려는 완벽주의와 강박에, 밖으로 좋은 이미지를 주기 위해 애쓰는 자기 도취와 노이로제의 굴레에 사로잡혀 있다. 우리가 감옥에서 나와 우리의 쇠사슬이 전부 하느님의 자비하신 손 안에 있음을 신뢰하면서 하느님을 찬미한다면 우리 안에서도 땅이 진동하기 시작할 것이다. 그러면 삶을 가로막은 담이 흔들리고 문이 열린다. 우리 자신과 만나게 된다. 더이상 우리 밖에서 살지 않고 마음 속으로 들어오게 된다. 주위 사람들에게 향하는 문이 열린다. 돌연 사람들이 우리한테로 오고 우리는 그들에게로 간다. 만남이 가능해진다. 공포와 억압과 마비의 사슬이 풀린다. 자유로움을 느낀다. 엄청난 지진 소리에 간수가 깨어났다. 그는 감방문이 열려 있는 것을 보고 칼을 빼어 자살하려고 했다. 그러자 바울로가 죄수들이 다 있으니 자신을 해치지 말라고 했다. 간수는 무서워 떨면서 바울로와 실라 앞에 엎드려 물었다. "'제가 어떻게 해야 구원받겠습니까?' 그들이 일렀다. '주님 예수를 믿으시오. 그러면 당신과 당신 집안이 구원받을 것입니다'"(사도 16,30-31). 우리가 간수를 내면의 표상으로 이해한다면 그는 곧 옛 틀, 우리의 완벽주의, 명예욕, 불신, 무사안일주의를 상징한다. 어떤 이는 사슬이 풀린 것에 열광적인 반응을 보인다. 이제는 모든 것이 달라졌다고 생각한다. 이젠 모든 억압적인 삶의 형태를 내동댕이쳐 버릴 수 있으리라 …. 이제는 완전히 자유로워졌으니 과거가 더이상 힘을 쓸 수 없으리라 …. 그렇게 믿는다면 이는 목욕물과 함께 아기까지 버리는 격이 될 것이다. 우리는 틀을 쉽게 버려서도 안 되고 버릴 수도 없다. 그렇다면 우리에게 무엇이 남겠는가. 우리는 그것들과 관계를 가져야만 한다. 우리가 그리스도께 대한 신앙으로 그것들을 대한다면 어떤 세력도 우리에게 영향을 미치지 못할 것이다. 그러면 그것들은 우리에게 간수처럼 봉사할 것이다. 그 간수는 바울로와 실라를 자기 집에 데려다가 상처를 씻

_____ 부활을 경축하다 _____

어 주고 그 자리에서 그와 온 식구가 세례를 받았다. 그리고 그들을 "집에 모셔 가서 상을 차려 드리고 하느님을 믿게 된 것을 온 집안과 더불어 기뻐했다"(사도 16,34). 우리는 인생사의 체험들을 쉽게 무시할 수 없다. 그 체험들과 화해할 때 그것들은 우리의 상처를 치유하고 우리를 양육할 것이다. 기쁨의 잔치가 벌어지고 모든 것이 우리 안에서 소생할 것이다. 그러면 틀은 이제 간수가 아니라 세례받은 형제의 역할을 하게 된다. 틀이 변화되었다. 명예욕은 우리를 옭아매는 대신 삶의 원천이 될 것이다. 강박에서 자유로워진 완벽주의는 신중하게 사물들을 다루는 데 오히려 도움을 줄 것이다.

사도행전에서 루가는 예수의 부활을 제자들이 처한 구체적인 상황 속으로 옮겨 놓는다. 그는 그대에게도 그대 내면의 감옥에서 탈출할 수 있는 길을 가르쳐 주려 한다. 이 길은 바로 기도이며 그대 삶의 한밤중에 하느님께 드리는 찬미이다.

⚜

오늘 한번 아무 목적 없이 하느님을 찬미하도록 노력해 보십시오! 아마 감옥의 담이 무너지고, 쇠사슬이 떨어져 나가고, 사람들에게로 가는 문이 열림을 체험하게 될 것입니다. 하느님께 아무것도 바라지 않고 다만 그분이 하느님이시기 때문에 찬미한다면, 그대는 한밤중의 감방에서 맛보는 자유가 어떤 것인지, 억압 속의 부활은 어떤 기쁨이며 두려움 속에서의 신뢰는 또 어떤 느낌인지 속깊이 예감하게 될 것입니다.

부활하신 분과의 만남
부활 제2주간

■ 주일

일상 속에서 부활하신 주님을 바라봄(마태 28,7)

마르코와 마태오 복음서에서 천사는 여인들에게, 제자들에게 가서 전하라고 이른다. "그분이 죽은 이 가운데서 부활하셨습니다. 이제 여러분에 앞서 갈릴래아로 가실 것이니 여러분은 거기서 그분을 뵙게 될 것입니다"(마태 28,7). 제자들은 갈릴래아를 향해 귀향길에 오른다. 성도 예루살렘이 아니라 고향에서, 그들이 살고 일하는 곳에서, 일상 속에서 그분을 만나게 될 것이다. 갈릴래아는 유대인과 이방인이 함께 사는 곳이었다. 그러므로 갈릴래아는 '혼합민족', 잡다한 것들이 뒤섞인 우리네 삶을 뜻하기도 한다. 우리의 삶은 갈릴래아다. 우리 안에는 유대인과 이방인이 어우러져 함께 살고 있다. 우리 안에는 하느님의 현존과 부재, 신앙과 불신, 사랑과 미움, 생명력과 마비, 빛과 어둠이 공존한다. 우리도 하느님을 찾는 사람과 하느님에 무관심한 사람, 사랑하는 사람과 거북한 사람, 이들 모두와 어울려 살아간다.

갈릴래아의 혼잡 속에서 부활하신 주님을 보리라고 천사는 전한다. 천사가 우리 눈을 바라본다. 우리는 부활하신 주님을 두 눈으로 보게 될 것이다. 듣는 것이 아니라 보는 것이 먼저다. 우리 삶 한가운데서 부활하신 주님을 알아보는 데는 새로운 눈이 필요하다. 기쁨으로 하여 고통이 사라지고 희망과 신뢰로 빛나는 사람의 얼굴에서 부활하신 주님을 본다. 어떻게 갈등이 해소되는지, 어떻게 대화를 통해 분위기가 편안해지는지, 사람들이 어떻게 서로 화해하는지를 유심히 살필 때 부활하신 주님을 보게 된다. 복음사가들이 부활을 보이지 않는 것으로, 관찰할 수 없는 것으로 묘사하고 있지만 그래도 부활은 보인다. 눈을 뜨고 도처에 꽃피는 봄날의 자연을 바라볼 때 부활은 보인다. 그렇지 않고서야 어찌 부활 성가들이 부활 시기가 지나고도 만물의 소생을 노래했겠는가. 프리드리히 슈페는 이렇게 노래했다.

> 새싹들이 돋아난다,
> 푸르를 수밖에 없는 새싹들이, 알렐루야, 알렐루야.
> 가지에 새싹 돋는다, 알렐루야, 알렐루야.
> 햇살이 반짝인다, 알렐루야, 알렐루야.
> 새 빛이 세상을 비춘다, 알렐루야, 알렐루야.

_____ 부활 제2주간 _____

   피어나는 꽃, 푸른 풀밭, 오색영롱한 봄들판에서 부활하신 주님을 바라보고 생명이 죽음보다 강함을 깨닫는다. 공연히 봄을 사랑과 연관지었겠는가. 5월은 사랑의 달, 자연이 피어나고, 새들이 짝지어 고운 사랑 노래 부를 때면 사람들 속에도 모든 것을 사로잡는 사랑에의 그리움이 솟는다.

⚜

오늘 그대 주위에 피어나는 자연을 유심히 살피면서 그 안에서 부활하신 주님의 힘을 알아 내십시오! 그대 삶에서 피어나는 사랑을 바라보십시오! 부활하신 주님이 그대를 앞질러 가셨습니다. 그분은 벌써 그대의 삶 속에, 그대의 갈릴래아에 계십니다. 삶의 어지러움 속에서 부활하신 주님을 찾으려면 깨어 있는 눈이 필요합니다. 그분을 보면 그대의 갈릴래아는 변화될 것이며 그대의 삶에도 부활이 있을 것입니다.

■ **월요일**
  생명에로 되돌아감(루가 24,5 이하)

여인들이 무덤에서 만난, 눈부신 옷의 두 남자는 도전

_____ 부활하신 분과의 만남 _____

적으로 묻는다. "왜 살아 계신 분을 죽은 이 가운데서 찾고 있소? 여기 계시지 않고 부활하셨소"(루가 24.5-6). 이는 하늘에서 온 두 분이 여인들을 질책하는 말이다. 루가 복음서 24장에서 루가는 제자들의 부활 신앙이 어떻게 서서히 성장해 갔는지, 우리의 부활 신앙도 어떻게 그리될 수 있는지를 설명한다. 짐작건대 우리도 그 여인들처럼, 그분을 마지막으로 보았던 무덤에서 부활하신 주님을 찾는 일부터 할 것이다. 여인들은 놀람의 장소, 무덤으로 향하는데 엠마오 제자들은 등을 돌렸다. 그들은 실망의 장소에서 도망쳤다. 여인들도 엠마오 제자들도 되돌아가 예루살렘에서 서로 만났다. 그들이 말을 나누고 있을 때 부활하신 주님이 나타나 그들과 함께 잡수시고 이야기도 건넸다. 제자들을 베다니아 근처로 데리고 가신 그분은, 그들이 보는 앞에서 하늘로 올라가셨다. 그제서야 제자들이 참으로 믿게 되었다. 그들은 크게 기뻐하며 하느님을 찬미했다.

루가가 부활 신앙의 성장을 얼마나 섬세하게 묘사하고 있는지 느껴진다. 처음에는 시신부터 찾는다. 이해가 되긴 하지만 이것만으로는 부활하신 주님을 체험하지 못한다. 우리는 종종 생명을 죽은 자 가운데서 찾는다. 죽은 율법 조문에서 생명을 찾으려고 한다. 모든 계명을 지키고 모든 것을 올바르게 행하기만 하면 그것이 생명이라고 여긴다. 어릴 때부터 "내가 하는 일이 과연 옳은 일인가? 이렇게 하는 것이 옳은가?"라고 늘 묻기만 해온 부인을 알고 있다. 그러나 옳고 그름을 묻는 것만으로 생명에 이를 수는 없다. 그녀는 죽은 이들 가운데서 산 이를 찾고 있다. 어떤 이는 생명을 돈과 재산에서 찾는다. 그러나 그런 것들은 모두 죽은 것이다. 예수는 당신을 따르고 싶어하는 젊은이에게 "죽은 이 장사는 죽은 이들이 치르도록 내버려 두고 그대는 가서 하느님 나라를 알리시오"(루가 9,60) 하고 말씀하신다. 돈, 재산, 권력, 지위 이 모든 것은 죽은 것이다. 우리는 그것들을 묻어 버려야 한다. 죽게 내버려 두어야 한다. 그리고 생명에로, 하느님 나라로 향해야 한다. 하느님이 그 안에 계실 때, 하느님이 그 안에서 다스리실 때, 하느님의 빛과 사랑이 그 안에서 드러날 때 생명은 비로소 참생명이 된다.

유산을 탕진하고 방탕한 생활을 하며, 밥도 안 되는 음식 찌꺼기로 배고픔을 달랜 탕자 역시 죽은 자이다. 외적인 쾌락, 무절제한 생활, 자제력 없이 기분 내키는 대로 사는 것, 루가가 볼 때 이 모두가 죽은 것이다. 여기서는 생명을 찾을 수 없다. 아들이 회개하고 집으로 돌아왔을 때 참고향인 그곳에서 다시 살아난다. 아버지는 성대한 생명의 잔치를 벌이게 한다. "이 아들은 죽었다가 다시 살아났고 내가 잃었다가 되찾았다"(루가 15,24). 죽음의 영역에서 생명을 찾을 수 없다. 하늘에서 온 두 사자는 여인들에게 살아 있는 주님을 찾을 수 있는 길을 가르쳐 준다. 그들은 예수의 말씀을 상기시킨다. "그분이 전에 갈릴래아에 계실 적에 말씀하신 것을 상기하시오. 인자는 죄인들 손에 넘어가 십자가에 처형되었다가 사흗날에 부활해야 한다고 하셨소"(루가 24,6-7). 예수의 말씀을 상기시킨 것이 여인들로 하여금 믿게 했다. 예수의 말씀 안에서 생명을 찾았다. 그분의 말씀을 상기하면, 혹은 "레꼬르다미니"recordamini라는 라틴어 표현처럼 말씀을 마음 속으로 음미하거나 되새기면, 부활의 신비를 깨닫게 된다.

☫

그대가 죽은 것들 가운데서 산 것을 찾는 데가 어디입니까? 이미 죽었기 때문에 묻어버려야 할 것은 무엇입니까? 지난날의 갈등과 상처들, 그리고 그대를 비참하게 만든 좌절이 아직 당신을 괴롭힐지도 모르겠습니다. 그대 안에서 죽은 것들을 모두 적어 보십시오. 그리고 그것들을 정원이나 화분에 묻어 버리십시오. 상처들을 묻은 무덤에서 새 생명이 피어날 수 있도록 그 위에 꽃

씨를 뿌려 보십시오. 상처입은 인생사의 무덤을 새삼스레 파뒤집지 말아야 한다는 것을 꽃들이 일깨워 줄 것입니다. 그렇지 않으면 과거라는 무덤 위에 어떤 꽃도 새로 피어날 수 없을 테니까요.

■ 화요일
부활하신 주님이 우리와 동행하시다(루가 24,13 이하)

루가는 가장 아름다운 부활사화를 들려준다. 실망에 겨워 예루살렘을 떠나는 두 제자 이야기다. 그들은 실망의 고장을 떠난다. 더는 과거와 관계하고 싶지 않았다. 하지만 아직도 서로 이야기를 나누고 있다. 이즈음에 일어난 일련의 사건에 대하여 의견을 나눈다. 이 모든 일들이 왜 일어났으며 그 사건은 그들에게 무슨 의미가 있는지 대화를 통해 알아보고 싶었다. 일어난 사건에 대해 그저 입 다물고 눈 가리고 있을 수만은 없었기 때문에 예수께서 끼어들어 대화의 방향을 딴 데로 틀어주게 된다. 그러나 예수는 쉽사리 그들과 함께하지 못한다. 루가가 묘사하는 것은 바로 이 제자들의 상태다. 그들은 뜬 눈은 있으나 볼 눈이 없어 예수를 알아보지 못한다. 천사들이 나타났다고 알려주는 여자들을 믿지도 않는다. 예수는 그들의 어리석음과 굼뜬 마음을 꾸

짖으셨다. 그들은 아둔하여 예루살렘에서 어떤 일이 일어났는지 이해하지 못했다. 굼뜬 마음이란 익숙해진 것 말고는 다른 어떤 해답도 상상할 줄 모르는, 게을러 터진 마음일 것이다. 제자들은 아둔하여 부활이라는 새롭고 특별한 사건을 이해하지 못했다.

예수께서는 이야기를 한번 시켜봄으로써 이 느리고 아둔한 제자들을 변화시킨다. 예수는 이 사건에 대한 견해를 피력하도록 요구하셨다. 그들은 대뜸 예수를 비난하는 말부터 늘어놓았다. "당신도 예루살렘에 있다가 왔으면서 당신만 이 며칠 동안 거기서 일어난 일을 몰랐단 말입니까?"(루가 24.18). 그리고 예수의 십자가형은 장안이 다 아는 이야기라면서 그 나름의 견해를 밝힌다. 그분은 행적과 말씀에 큰 능력을 보인 예언자였으므로 그분께 모든 희망을 걸었다. 그분이 이스라엘을 구원해 주시기를 바랐다. 그러나 그분은 이미 사흘 전에 처형당했다. 죽은 지 사흘이 되면 영혼은 육신을 떠나는 법, 그러니까 그분이 죽음의 사슬에서 해방될 희망은 깨끗이 사라졌다. 예수께서는 그들이 겪은 일과 그 일에 대한 저마다의 생각을 전부 이야기하게 하신 다음, 말씀을 시작했다. 일단 그들의 설명과 느낌을 진지하게 받아들이면서도 성서 말씀과 대면시킴으로써 문제에 접근하는 다른 시각을 제시할 수 있었다. 예수의 운명은 성서에 따른 것임을 설명하셨다. 예수의 고난은 필연적인 것이었지만 부활로 가는 통로였을 뿐이다. 제자들은 듣긴 했지만 처음에는 믿지 않았다. 그러나 예수의 말씀은 결국 그들의 마음을 감동시켰다. 그래서 그들과 함께 묵어 가기를 청했다.

여기서 루가 부활사화의 중요한 모티프가 확연해진다. 부활하신 주님이 우리와 동행하신다. 멈추지 않고 가노라면 부활하신 주님은 우리 곁에 계시다. 그분과 이야기도 나눌 수 있고 살면서 이해할 수 없었던 모든 것을 말씀드릴 수도 있다. 그분은 설명과 함께 성서의 말씀을 빌려 새로운 견해를 주실 것이다. 날이 저물어 마음 안팎이 어두워지면, 우리와 함께 머물러 주십사 청할 수도 있다. 그분은 우리와 함께 있으려고 우리가 묵을 곳으로 들어가신다. 이 이야기에서 큰 위안이 되는 소식은 아마 이 대목일 것이다. "예수께서 함께 묵으려고 들어가셨다"(루가 24.29).

✠

부활하신 주님이 오늘 모든 길에 그대의 동반자가 되심을 상상해 보십시오! 출근길이든, 산책길이든, 그대가 어디에 있든지 그대 곁에 계시다고 상상해 보십시오!

삶이 이해되지 않거든 그 모든 것이 무엇을 의미하는지 그분께 물어 보십시오! 그대의 좌절을 그분께 맡기십시오! 그러면 그대와 그대 주변에 일어나는 모든 것에서 더 깊은 의미를 찾을 수 있을 것입니다.

■ 수요일
내가 겪어야 하는 것이 아니냐? … (루가 24,26)

예수의 사건을 두고 제자들이 하는 이야기는 우리 자신의 내면적 실상을 상징하는 것으로 이해되어도 좋다. 당시 제자들의 말을 우리 입으로 한다면 이렇게 될 것이다. "우리는 삶이 제대로 굴러가 성공하고, 언행에 영향력을 과시해 가며 뭔가를 해낼 수 있기를 원했습니다. 그러나 이젠 모든 것이 빗나가고 말았습니다. 우리는 좌절하고, 모든 것이 끝장나 버리고, 아무런 희망도 의미도 없어져 버렸습니다." 예수께서는 이런 생각을 탓하지 않으신다. 다만 우리의 체험을 성서의 관점에서 다르게 해석하려 하실 뿐이다. 그 새로운 시각의 열쇠는 이러하다. "그리스도는 그런 고난을 겪고 영광을 누리게 되어 있지 않습니까?"(루가 24,26). 이 말을 우리네 상황으로 옮겨 말한다면 이런 뜻이 된다. "네가 잘 되려면 겪어야 하지 않겠느냐? 삶에 대해 네 스스로 지어

낸 미망에서 자유로워지고, 하느님이 네게서 바라시는 모습에 점점 가까워지기 위해서라면 이 모든 것을 견뎌 내야 하지 않겠느냐?"

나는 십년 동안 해마다 일주일씩 청소년들과 함께 슈타이거 숲으로 산행을 갔다. 이때 고즈넉한 시간이면 "그리스도는 영광을 차지하기 전에 그런 고난을 겪어야 했던 것이 아니냐?"라는 말을 자주 묵상하곤 했다. 우리는 한 시간 동안 말없이 걸었다. 그러면서 젊은이들이 이 말을 거듭 되풀이하고 자신의 전 생애를 이 말씀에 비추어 바라보도록 했다. 실망의 순간에, 내 유년과 학창 시절의 상처에, 수도원에서 받은 오해와 일에서 겪은 좌절에 이 말씀을 적용시킬 때, 내가 한탄할 일은 더이상 없다. 인생사를 새로운 눈으로 보게 된다. 그래서는 안 될 것이라곤 하나도 없었고 모든 것이 좋았다. 하느님이 내게 바라시는 모습으로 성장하는 데 전부 도움되는 일이었다. 내 삶의 경험들을 통해 하느님께서 친히 나를 만드시되 그분이 처음부터 원하셨던 대로 만드셨다. 나의 인생사와 화해하는 데 예수의 이 말씀은 내게 아주 결정적인 도움이 되었다. 그래서 나는 종종 사람들에게 이 말씀을 묵상하라고 권한다. 삶을 새로운 눈으로 보는 데 도움되기 때문이다. 어느 한순간 그들은 무의미함 속에서 의미를, 실망 속에서 희망을, 불신

속에서 신뢰를 발견하게 될 것이다.

예수께서 제자들에게 다가가신 방식은 사목 상담의 좋은 본보기가 될 수 있다. 무엇 때문에 고통당하고 실망했는지, 사람들이 그 체험을 털어놓도록 해야 한다. 그들이 하는 이야기를 희석시키지 말고 있는 그대로 들어주어야 한다. 그러나 그들의 인생사를 성서와 대면시키고 성서의 빛으로 해석해 준다면 그들은 더 쉽게 알아들을 것이다. 예수께서 제자들에게 주신 이 중요한 말씀이 우리에게도 도움이 될 수 있다.

⚜

오늘 체험하는 모든 것에 대해서, 그대의 시각이 과연 유일한 것인지 물어 보십시오! 오늘 떠오르는 모든 생각에다 예수의 말씀을 이렇게 적용시켜 보십시오. "잘되기 위해서는 겪어야 하지 않겠느냐? 미망에서 놓여나려면 고난을 이겨야 하지 않겠느냐? 하느님이 그대를 위해 마련한 영광을 차지하고 변화의 길을 가기 위해서 이런 고통은 감당해야 하지 않겠느냐? 하느님이 만사에 그대를 인도하시고 그분의 손 안에 붙들고 계심을 믿느냐? 그대의 전 체험을 빌려 하느님이 하고자 하시는 말씀이 무엇이더냐? 하느님이 그대를 어디로 보내실려고 이 모든 것을 체험케 하셨겠느냐? 그대 인생사의 배경에 깔린 개별적인 성소와 파견의 소명은 무엇이냐?"

■ 목요일
   빵을 쪼갬(루가 24,30 이하)

예수께서는 제자들과 "함께 묵으려고 들어가셨다"(루가 24,29). 예수께서는 우리가 가는 곳마다 함께 가시고, 우리가 묵는 곳이면 어디서나 함께 식사하신다는 것이 루가가 전하는 부활의 의미다. 그리고 루가에게 성찬례는 바로 부활하신 주님을 만나는 장소다. "예수께서 함께 묵으려고 들어가셔서 상 앞에 자리잡으시자 빵을 들고 찬양하신 다음 떼어 주셨다. 그제서야 그들은 눈이 열려 예수를 알아보았는데 그 순간 예수께서 그들 앞에서 사라지셨다"(루가 24,29-31). 예수는 제자들의 손님이셨다. 그러나 여기서는 직접 빵을 들어 식사기도를 드리고, 빵을 떼어 나누어 주는 한 집의 가장으로 행동하신다. 이런 예수님의 모습에서 제자들은 부활하신 주님을 알아보았다. 이제부터 그들에게는 매일 빵을 떼어 나누는 곳이 그들 가운데서 부활하신 주님을 알아보는 곳이다. 빵을 나눌 때마다, 성찬례 때마다 제자들에게 빵을 떼어 주시고 당신 사랑을 보여주신 바로 그 예수님이 우리와 함께하신다. 제자들은 예수님의 현존을 늘 기뻐했다. "한마음으로 성전에 열심히 모이고, 집집마다 돌아가며 빵을 떼고 흥겹고 순박한 마음으로 음식을 함께 들며 하느님을 찬양했다"(사도 2.46-47).

루가만큼 식사에 대해 자주 이야기한 복음사가도 없었다. 예수께서는 제자들, 바리사이들, 죄인들, 세리들과 식사를 자주 하셨다. 루가는 성찬례를 예수님이 사람들과 함께하시고 하느님의 자비와 인간에 대한 사랑을 보여주신 숱한 식사의 연속이라 보았다. 성찬례는 그리스도께서 친히 우리 가운데 다시 계시는 것이다. 그분은 우리에게 말씀하시고 우리 삶을 해석하신다. 우리는 그분과의 공동체를 체험하는 기쁨을 누려도 좋다. 그러나 우리는 그분을 보지 못한다. 루가는 예수의 불가시성을 전형적인 그리스어 표현법으로 묘사했다. "예수께서 그들 앞에서 사라지셨다"(루가 24.31). 하느님이 우리에게 나타나심과 동시에 사라지셨다. 제자들의 눈이 열렸다. 제자들은 빵을 떼어 주는 그 남자가 예수임을 알았지만 그분은 사라지고 없다. 제자들은 그분을 내면의 눈으로 본다. 성찬례는 내면의 눈으로 바라보는 것이다. 그러면 우리가 함께하는 만찬에서, 함께 나누는 빵에서 부활하신 주님이 친히 우리 가운데 계심을 보게 된다.

─────── 부활 제2주간 ───────

⚜

그대가 오늘 성찬례에 참여한다면 부활하신 예수님의 현존을 상상해 보십시오. 그분 친히 빵을 떼십니다. 그분이 그대에게 사랑의 말씀을 하십니다. 엠마오 제자들처럼 그대 안에서 뜨거운 감동을 느낄 수 있도록 말씀에 마음을 여십시오. 사제가 영성체 때 쪼갠 빵을 그대 손에 얹으면, 이는 그대 안의 모든 부서진 것과 갈라진 것들을 치유하고 붙여주시려고, 그대 인생사에서 무너져 내린 것들을 활기찬 삶의 흔적으로 변형시키시려고, 부활하신 주님이 주시는 것이라 생각하십시오. 눈이 열려 예수님을 알아볼 수 있기 바랍니다. 그분은 그대와 생명을 나누고 사랑으로 그대의 마음을 뜨겁게 감동시키기 위해 빵의 표징을 통해 자신을 선물로 주시는 분이십니다.

■ 금요일
부활 이야기를 함께 나눈 공동체(루가 24,34 이하)

예수께서 엠마오 제자들의 마음에 불을 지피자 그들은 즉시 그곳을 떠나 예루살렘으로 돌아갔다. 그들은 듣고 본 것을 친구들에게 전해야 했다. 마음의 깊은 감동을

_____ 부활하신 분과의 만남_____

자신만을 위해서 간직할 수는 없었다. 저녁 늦게 예루살렘에 다다랐을 때, 그곳에는 "열한 제자와 동료들이 모여서 '정말 주님이 부활하여 시몬에게 나타나셨다'고 말하고 있었다. 그들도 길에서 겪은 일을 이야기하고 또한 빵을 떼어 주실 때 어떻게 그분을 알아보게 되었는지도 이야기했다"(루가 24,33-35). 집안에 있던 이들과 밖에서 온 이들이 체험한 일들을 서로 이야기하고 있었다. 그래서 그들의 이야기는 "주께서 참으로 부활하셨다"는 신앙고백이 되었다. "그분을 보고 그분을 알아보았다"라는 이 두 마디가 체험의 핵심을 표현하고 있다. 시몬이 부활하신 주님을 보았고 예수께서 빵을 떼실 때 엠마오 제자들은 그분을 알아보았다. 보는 것만으로는 충분하지 않다. 본 것은 이해되어야 한다. 그래야 우리에게도 부활이 일어난다. 제자들이 체험한 것을 서로 이야기했을 때 부활하신 주님 친히 그들 가운데로 임하여 평화의 인사를 하셨다.

이야기를 함께 나눈 제자들의 공동체는 교회의 아름다운 상징이다. 교회는 체험하고 보고 알아본 것을 서로 이야기하는 사람들의 공동체다. 어떤 이는 자신이 직접 체험한 것을 이야기하고, 또 어떤 이는 부활하신 주님이 시몬에게 나타났노라고 전한 예루살렘에서의 제자들처럼 타인의 경험을 이야기하기도 한다. 삶의 여정에서 우리는 모두 체험을 한다. 눈이 열리고 마음이 뜨거워지는 체험을 통해서는 부활하신 주님을 만나게 된다. 루가에게 부활은 늘, 우리 마음 깊은 곳에서 감동이 일거나 폴 틸리히의 말처럼 어떤 것을 "무조건 시작해야 하는" 데서 일어난다. 대화, 만남, 식사, 빵을 나눔, 산책, 공동 작업 등은 일상적인 체험들이다. 우리는 많은 말을 하고 끊임없이 사람들을 만난다. 그러나 종종 대화는 잡담일 뿐이고 만남은 그저 접촉일 뿐이다. 부활은 진정한 대화가 이루어지는 곳, 다른 이의 눈을 열어 주는 곳, 대화를 통해 마음이 뜨거워지기 시작하는 그곳에 있고, 동반자의 모습으로 나타나는 부활하신 주님을 만나는 곳도 결국 그곳이다.

요즘엔 하느님 체험을 선전하듯 떠벌이는 사람들이 많다. 이런 사람들을 보면 정신적 매춘이 연상된다. 제자들이 이야기한 방식은 달랐다. 그들은 대단히 절제되고 조심스런 어투로 일어난 사건에 관해 말했다. 사건 자체는 객관적이고 단순하다. 그러나 그들은 믿음으로 그 사건을 해석해 낸다. 체험한 것을 통해 그리스도를 알아보았기 때문이다. 그들은 자신의 체험을 서로에게 강요하지 않는다. 주께서 참으로 부활하셨음을 고백할 따름이다. 제자들이 체험과 대면해 있음으로써 다른 이들도 거기에 참여할 수 있다. 이리하여 하느님을 체험

_____부활하신 분과의 만남_____

한 사람들이 모인 신앙인들의 참공동체가 생긴다. 사람들이 삶의 여정에서 무엇을 체험했고, 그 체험을 어떻게 해석하고 이해했는지 진실하면서도 조심스럽고 주의깊게 말할 때, 그들 한가운데 홀연히 부활하신 주님이 서 계시다. 그러면 대화는 부활의 체험이 된다. 본질적인 것과 만나고 하느님의 현존을 느낄 수 있는 가까움이 있다. 아우구스티누스 성인은 어머니 모니카와의 대화를 회상하면서, 어느 순간 시간이 멈추고 그들이 하느님과 접했다고 했다. 루가는 탁월한 그리스 이야기꾼들의 전통을 이어받았다. 그래서 우리 눈이 열리고 마음이 따뜻해지는 이야기를 엮을 줄 알았다.

⚜

그대는 사랑하는 사람들에게 무슨 이야기를 하고 싶습니까? 친구에게 이야기하고 싶은 것을 속으로 생각만 하고 말하기를 자꾸 미룬 적은 없었는지요? 부활이, 그대가 다른 이와 이야기하도록 부추기는 내면의 충동과 대면하고 있음을 의미하는지도 모르겠습니다. 오래 전부터 속으로만 생각해 온 것을 큰맘 먹고 말로 해버리십시오. 그러다 보면 어떻게 새로운 관계가 맺어지는지, 어떻게 마음이 뜨거워지기 시작하는지, 어떻게 부활하신 주님께서 친히 그대 안에서 말씀하시는지를 체험하게 될 것입니다.

■ **토요일**
　의심과 믿음(루가 24,36-49)

루가 복음에서 부활 당일의 사건은 예수께서 모든 제자들 앞에 나타나시는 것으로 끝난다. 방금 제자들은 체험한 것을 서로 이야기하며 주님께서 참으로 부활하셨다고 고백하던 참이었다. 그러나 이제 부활하신 주님이 나타나 그들 가운데 서자 그들은 놀라고 무서워 떨었다. 유령을 보는 줄 알았다. 부활을 믿기가 쉽지 않았으리라. 예수께서는 그들의 의심을 세 단계로 제거하려 하신다. 우선 제자들에게 말을 건네신다. 그분은 유령이 아니다. 참으로 거기 계시다. 살아 계셨을 때와 똑같이 말씀하신다. 예수께서는 제자들의 생각을 꿰뚫어 보시고, 당신에 대한 의심을 없애는 데는 둘째 단계가 필요함을 느끼신다. 그래서 "내 손과 발을 보시오. 바로 나요. 나를 만지고 살펴보시오. 유령은 살과 뼈가 없지만 보다시피 나에게는 있습니다"(루가 24,39) 하시며 당신의 손과 발을 보여주셨다. 제자들은 그들이 따라다닌 스승과 부활하신 분이 같은 분임을 확인했다. 예

_____ **부활하신 분과의 만남** _____

수는 유령이 아니다. 영혼과 육신을 온전히 가지고 부활하셨다. 루가는 이 이야기로 초대 교회에 만연했음이 분명한 거짓 육체에 관한 상상을 반박하고 있다. 루가는 예수께서 제자들의 상상 속에서가 아니라 참으로 부활하셨다는 것을 그리스도인들에게 말하려 했던 것이다. 그분은 볼 수 있고, 잡을 수 있고, 만질 수 있게 나타나셨다.

예수의 말씀을 듣고 그분의 손과 발을 만져본 제자들의 반응은 놀람과 기쁨이었다. 그들은 기쁨으로 가득 찼다. 너무 기뻐 어쩔 줄을 몰랐다. 그러나 그 기쁨은 믿음이 없는 기쁨이다. 단순한 감정에 불과하다. 열광일 뿐이다. 그래서 오래 지속될 수 없다. 호기심을 자극하는 기쁨일지는 몰라도 믿음으로 들어서게 하지는 못한다. 믿음이란, 알아보고 고백하는 것과도 관계가 있다. 제자들이 단순한 감정적 기쁨에서 믿음에 이를 수 있도록 예수께서는 "여기에 무엇이든 먹을 것이 좀 없느냐?" 하고 물으신다. 그들이 구운 생선 한 토막을 드리니 "예수께서는 받아 그들 앞에서 잡수셨다"(루가 24.43). 유령이라면 먹겠는가. 부활하신 주님은 살과 피를 지닌 인간이시다. 말씀도 하시고 잡수실 수도 있으며 만져질 수도 있다. 예수께서는 제자들이 부활을 진실로 믿을 수 있도록 천천히 이끌어 주셔야 했다.

_____ 부활 제2주간 _____

✢

 어쩌면 그대도 제자들처럼 부활을 의심할지 모르겠습니다. 십자가에 죽으신 분과 부활하신 분이 같은 분이신지, 부활하신 주님이 참으로 육신을 가지셨는지 의심할지 모르겠습니다. 루가는 그대의 의심도 믿음으로 변화시키고 싶어합니다. 의심해도 괜찮습니다. 오히려 의심은 그대의 믿음을 깊게 하고 투사와 미망으로부터 자유롭게 해줄 것입니다. 부활하신 주님이 손과 발을 보여주면서 그대의 의심을 아십니다. 그분 손발의 상처는 거룩히 변용되었습니다. 그대 상처에서 일어나는 변화를 지각하면 그대도 부활을 체험할 수 있습니다. 그대 손의 상처들은 그대가 당한 매질과 부모의 거친 손찌검, 그때 움찔 물러나 거부하던 손의 흔적입니다. 누군가 그대를 질타하고 그대 편에 있지 않았을 때, 그대와 동행하지 않았을 때 그대의 발은 상처를 입었습니다. 영성체 때 부활하신 주님은 그대의 상처입은 손에 성체를 놓아 주십니다. 그러면 그대의 상처에서 그분 사랑의 빛이 환히 비칠 것입니다.
 부활하신 주님께서 그대의 의심을 없애 주시고 믿음과 기쁨으로 인도하시어, 마음으로부터 이렇게 말할 수 있기를 바랍니다. "주님께서 참으로 부활하셨습니다.

그분이 나를 위해서도 부활하셨습니다. 그분이 내 안에서 일어나셨습니다. 그분이 내 안에 참으로 살아 계시고 내 상처 안에서도 하느님의 영광이 빛나도록 내 손발의 상처를 변화시켜 주십니다."

막달라 마리아
부활 제3주간

■ 주일

죽음을 넘은 사랑의 승리(요한 20,1 이하)

요한은 부활사화의 중심에 막달라 마리아를 등장시킨다. 이 여인에 대한 그리스도교 신심은 그 전부터 있었다. 캔터베리의 안셀모는 그녀에게 바치는 기도문을 지었다. 그는 이 여인을 "복된 하느님의 애인"이라 불렀다. 그는 "그대 선택된 애인이여, 사랑 가득한 선택자여!"라고 말을 건넨다. 안셀모는 옛 전통에 따라 막달라 마리아를 루가 복음 7장에 나오는 죄많은 여자나 마르타의 동생 베다니아의 마리아(루가 10장: 요한 12장)와 동일 인물로 본다. 그가 묵상한 신비는 많이 사랑하는 이가 많이 용서받고 죄많은 여자야말로 부활하신 주님을 만날 가치가 있는 사람이라는 것이었다.

마르코와 루가는 예수께서 막달라 마리아에게서 일곱 귀신을 내쫓으셨다고 한다(마르 16,9: 루가 8,2). 그녀는 분명 예수를 따라다녔고 그분 가까이 있었으리라. 일곱

막달라 마리아

귀신을 내쫓았다는 것이 무엇을 의미하는가? 막달라 마리아는 내면이 완전히 분열된 여인이었음에 틀림없다. 정체성도, 삶의 중심도 없었다. 오늘로 말한다면 그녀는 일종의 '경계선 인격장애'를 겪고 있었다. 적지 않은 정신치료자들이 '경계선 인격장애'를 다루는 것을 부담스러워한다. 완치를 거의 기대할 수 없기 때문이다. 그러나 예수께서는 막달라 마리아를 두려워하지 않으셨다. 그녀에게서 분열과 불안정과 심연을 알 수 없는 공포를 보셨다. 사랑에 대한 갈망도 느끼셨다. 그분은 참삶과 참사랑을 방해하던 일곱 귀신으로부터 그녀를 자유롭게 하셨다. 예수와 만남으로써 마리아는 여인으로서의 품위를 되찾았다. 자신에게로 돌아왔고 중심을 되찾았다. 그녀의 중심은 큰 사랑이었다. 막달라 마리아는 자신의 삶이 예수 덕분이라 여겼다. 그분과의 만남을 통해 새로 태어난 것이다. 순간, 사랑이 죽음을 이기고 자기 안에 굳어 있던 모든 것이 새 생명으로 되살아남을 체험했다.

요한에게 막달라 마리아는 '사랑의 귀재'였다. 그는 부활사화에서 아가서의 어느 사랑 노래를 원용한다. 그렇다면 그의 부활사화는 사랑 이야기다. "밤마다 잠자리에 들면, 사랑하는 임 그리워 애가 탔건만, 찾는 임은 간 데 없어 일어나 온 성을 돌아다니며 이 거리 저 장터에서 사랑하는 임 찾으리라 마음먹고 찾아 헤맸으나 찾지 못했네. 성 안을 순찰하는 야경꾼들을 만나 '사랑하는 나의 임 못 보셨소?' 물으며 지나치다가 애타게 그리던 임을 만났다네. 나는 놓칠세라 임을 붙잡고 기어이 어머니 집으로 끌고 왔다네"(아가 3,1-4). 유대 전례에서 파스카 축제 때 아가서를 읽는 데는 다 그만한 이유가 있다. 부활은 죽음을 넘은 사랑의 승리다. 요한도 그렇게 생각했다. 막달라 마리아는 예수를 사랑했다. 그분과 그분의 사랑을 통해서 비로소 생명과 품위를 되찾았다. 막달라 마리아가 아직 어두운 꼭두새벽에 무덤으로 간 것은 사랑이었다. 이 점에서는 아우구스티누스와 안셀모의 견해가 일치한다. 아우구스티누스는 강론을 통해 이렇게 말한다. "남자들은 집으로 갔으나 더 강한 사랑이 약한 여인들을 거기 머물게 했다." 안셀모는 기도중에 이렇게 묻는다. "이제 내가 무어라 말할까요, 아니 어떻게 말할까요? — 그대가 불타는 사랑으로 무덤에서 그분을 울며 찾고 있을 때, 그분은 그대를 위로하려고 그 얼마나 형언할 수 없는 다정함으로 그대 곁에 오셨는지요? 그대가 찾던 분이 나타나 누구를 찾고 있으며 왜 우느냐고 물으셨을 때, 보는 자에게는 숨기시고 보지 못하는 자에게는 드러내심으로써 그분은 그대의 갈망에 얼마나 더 큰 불을 놓으셨는지요?"(안셀모 100).

_____ 막달라 마리아 _____

    막달라 마리아가 부활하신 주님을 찾는 사연은 이를테면 '러브 스토리'다. 슬픔이 마음을 온통 어둠으로 덮어버린 그날 밤, 그녀는 영혼이 사랑하는 분을 찾기 위해 길을 나섰다. 하지만 그분을 찾지 못했으므로 너무 슬펐다. 마리아가 울어야 했던 까닭을 안셀모는 이렇게 말한다. "산 자와는 더이상 이야기할 수 없었기 때문에, 하다못해 죽은 자를 위해 울어나 주고 산 자로부터 들은 생명의 가르침을 주검 앞에서라도 어눌하게 넋두리해볼까 했었는데, 육신이라도 자기가 가질 수 있다고 생각하니 그나마 참 기뻤었는데, 그 육신마저 없어지고 말았으니 이젠 사는 게 다 지겨울 뿐이었으리라"(안셀모 101).

✠

그대의 깊은 갈망은 무엇입니까? 사랑은 그대를 어디로 인도합니까? 그대 영혼이 찾는 이는 누구입니까? 그대의 갈망을 신뢰하고 끝까지 사랑을 따를 때 그대도 막달라 마리아처럼 부활하신 주님을 만나게 될 것입니다. 요한 복음서가 말하는 것도 바로 이것입니다. 그대의 영혼이 사랑하는 분을 찾으려면 마리아처럼 마음의 어둠 한가운데서 그저 길 나서기만 하면 됩니다.

부활 제3주간

■ 월요일

사랑하며 믿는 마음(요한 20,3-10)

요한이 전하기를, 무덤을 막은 돌이 치워져 있는 것을 보고 마리아는 곧바로 시몬 베드로와 예수께서 사랑하시던 다른 제자들에게 달려갔다고 한다. 마리아는 그들에게, "사람들이 무덤에서 주님을 빼돌렸습니다. 어디다 옮겨놓았는지 모르겠습니다"(요한 20,2)라고 전했다. 이 말에는 부활에 대한 믿음이 없다. 시신을 찾지 못한 데 대한 실망이 있을 뿐이다. 마리아는 자신의 사랑을 증명하고 곁에서 죽음을 애도하기 위해서 예수의 시신이라도 필요했던 것이다. "고통 속에서 위안을 찾을 길이 어디인지 몰랐던 것"이 바로 마리아가 겪은 고통의 주된 이유였다고 아우구스티누스는 말한다(26).

이제 부활의 경주가 시작된다. 시몬 베드로와 애제자 요한이 무덤으로 달려간다. 요한이 베드로보다 빨라서 먼저 무덤에 다다랐지만 연장자에게 선두를 양보한다. 베드로가 무덤으로 들어간다. 여기서 요한이 전하는 것은 그저 눈에 비친 대로 볼 줄밖에 몰랐던 베드로의 태도다. "염포가 놓여 있는 것을 보았다. 머리를 덮었던 수건은 염포와 함께 있지 않고 따로 한 곳에 개켜져 있었다"(요한 20,6-7). 베드로는 보되 이해하지 못했다. 무덤

막달라 마리아

이 왜 비어 있는지 이해할 수 없었다. 막달라 마리아가 한 말이 옳았음을 확인할 뿐, 그 사실의 의미는 알지 못했다. 요한 복음서에 나오는 베드로는 지성과 의지로 행동하는 사람의 표상이다. 머리로만 모든 것을 판단하려는 사람은 부활의 신비를 이해할 수 없다.

전통에 따라 요한과 동일 인물로 간주되는 애제자가 베드로의 뒤를 따라 무덤으로 들어간다. "그는 보고 믿었다"(요한 20,8). 요한은 마음으로 보았다. 사랑하는 마음은 이해하고 믿는다. 복음서에는 요한이 정확히 무엇을 믿었는지 나와 있지 않다. 그러나 주석에 의하면 그가 부활의 신비를 조금이나마 깨달았음이 분명하다. "그들은 그분이 죽은 이 가운데서 다시 살아나야 한다는 성서 말씀을 깨닫지 못하고 있었다"(요한 20,9). 지성만으로는 부활을 믿을 수 없다. 요한처럼, 사랑하고 사랑받고 있음을 아는 마음이 필요하다. 애제자는 예수를 사랑한 제자였을 뿐 아니라 "예수께서 사랑한 제자"이기도 하다. 예수님한테서 사랑받고 있음을 마음 깊이 아는 사람은 부활을 믿는다. 사랑이 죽음보다 강하고, 오래 가며, 죽음을 넘어서까지 힘을 발휘한다는 것을 믿는다.

베드로도 요한도 부활하신 주님을 만나지 못했다. 마리아만 부활하신 주님을 만날 수 있었다. 열정을 다해 사랑하고 사랑에 자신을 내어준 여인만이 부활하신 주님을 만나 이야기 나눌 수 있다. 막달라 마리아는 죄많은 여자였을 뿐만 아니라 사랑의 귀재다. 야코부스 데 보라진은 그녀가 한없이 사랑했으므로 죄를 용서받았다는 루가 복음서의 말을 이렇게 해석한다. "주님이 총애하시고 당신 사랑의 징표를 그토록 많이 드러내신 여인이 바로 막달라 마리아다. 주님은 그녀에게서 일곱 귀신을 내쫓으셨으며 당신 사랑의 불을 놓아 소중한 애인으로 받아들이셨다. … 부정한 여자라고 욕한 바리사이, 게으름을 질책한 그녀의 언니, 낭비벽이 심한 여자라고 비난한 유다, 이들과는 달리 주님은 늘 큰 사랑으로 그녀를 이해하고 용서하셨다. 마리아가 우는 것을 보면 주님도 우셨다. 그녀를 사랑했기에 사흘이나 무덤 속에 있던 오빠를 부활시키셨다"(Voragine 472).

막달라 마리아만큼 많은 전설을 탄생시킨 성녀도 없을 것이다. 그녀의 모습에서 부활의 신비가 가장 잘 이해될 수 있었으리라. 마리아는 무한히 사랑했고 예수님한테서도 각별한 사랑을 받았다. 죽음을 초월해서까지 이 사랑을 보여주었기 때문에 그 상으로 부활하신 주님을 만나게 되었다. 그리스도와의 만남을 통해 이제는 그녀 자신이 사랑의 원천이 되었다.

전설에 따르면 그녀는 오빠 라자로와 함께 프랑스 남부로 피신하여, 거기서 그녀의 아름다움에 매료되어 개종한 그리스도교인들에게 강론했다고 한다. 그후 30년 동안이나 은수자로 살았는데, 기도시간마다 천사들이 그녀를 하늘로 데리고 가 천상의 전례에 참여했다는 것이다. 부활날 이른 아침에 교회로 가면 천사가 그녀와 동행했다. 성체를 받아 모실 때 그녀의 얼굴은 태양처럼 빛났다. 성체를 모신 후 그녀가 죽었을 때 "아름다운 향기가 온 성당 안에 퍼져 가득했고 그후 7일 동안 성당 안에 들어오는 모든 이들이 그 향기를 맡았다"(Voragine 479). 이처럼 예수 부활의 신비는 그녀의 죽음에서 완성되었다.

✣

그대 내면에 도사린 베드로의 모습을 아십니까? 혹시 요한과 막달라 마리아도 보입니까? 그대 내면의 어느 부분이 만사를 지성적으로만 봅니까? 사람들을 마음으로도 바라보는 곳은 또 어디입니까? 그리고 어디서 그대는 막달라 마리아처럼 정열적으로 사랑합니까? 아니면 그대가 받은 그리스도교 교육에 맞지 않기 때문에 열정적인 사랑을 금하고 있습니까? 그대의 사랑을 믿으십시오. 막달라 마리아가 죽음을 이기는 사랑의 신비로 그대를 인도하도록 그녀와 함께 가십시오.

_____ 부활 제3주간 _____

■ 화요일
　이름을 부르시다(요한 20,11-16)

　막달라 마리아의 슬픔이 기쁨으로 변하는 양상을 묘사하는 요한의 솜씨는 절묘하다. 베드로와 요한은 집으로 갔지만 마리아는 무덤에 남았다. 마리아는 울면서 사랑하는 주님이 묻힌 곳 가까이 있길 원했다. "마리아는 무덤 가까이 밖에 서서 울고 있었다. 울면서 무덤 안으로 몸을 굽히고 들여다보니 흰 옷 입은 두 천사가 앉아 있는데, 한 천사는 예수의 시신이 누웠던 자리 머리맡에, 다른 천사는 발치에 있었다. 천사들이 '부인, 왜 울고 있소?' 하고 묻자 마리아가 말했다. '사람들이 우리 주님을 빼돌렸습니다. 어디다 옮겨놓았는지 모르겠습니다'"(요한 20,11-13). 그녀는 슬픔에 겨워 무덤 속으로 들어갔다. 달랠 길 없는 슬픔에 흰 옷 입은 두 천사조차 속수무책이었다. 천사가 왜 우느냐고 다정스레 물어도 그녀는 제자들에게도 했던 말, "사람들이 우리 주님을 빼돌렸습니다"만 되풀이했다. 마리아는 주님이 마치 제 사람인 양 말한다. 살아 생전 내 사람 아니었다면 죽은 시신이라도 내 것이라야지 했다. 애인을 추억할 시신마저 사라져 그녀는 슬펐다. 슬픔을 피하지 않았으므로 슬픔은 그녀를 사랑하는 주님께 인도했다.

막달라 마리아

　마리아는 천사에게 고통을 하소연하고 나서 뒤를 돌아다보았다. 천사와의 만남이 그녀를 돌아서게 했다. 자기 내면에서 일어나는 전회轉回를 체험했다. 회개한 것이다. 회심과 변화를 받아들이니 예수께서 서 계신 것이 보였다. 그러나 그분이 그분인 줄 알아보지는 못했다. 두 천사가 그랬듯이 예수께서도 사랑스럽게 물으셨다. "왜 울고 있습니까?"(요한 20,15). 마리아는 그분이 동산지기인 줄 알고 다시 아픔을 하소연했다. 그녀는 예수의 시신을 보고, 만지고, 애도하고 싶었지만 그것마저 허락되지 않았다. "당신이 들어냈거든 어디다 옮겨놓았는지 말해 주세요. 제가 모셔 가겠습니다"(요한 20,15). 그녀는 살아 있는 분을 알아보지 못할 정도로 예수의 시신에 집착하고 있었다. 예수께서 그녀의 이름을 부르시자 그제야 그분을 알아보고 귀에 익은 말로 "랍부니" 하고 불렀다. "선생님" 하고 부른 것이다. 이름을 부르며 말을 건넴은 새로운 관계를 맺음이다. 예수는 더이상 모든 이의 스승이 아니라 사랑으로 맺어진 그녀의 스승이시다. "마리아 — 랍부니", 이 두 마디에서 부활의 신비가 일어났다. 이때 슬픔은 변화되고 눈이 열려, 그녀 사랑의 전부이자 마음 깊이 이해해 주시고 사랑하셨던 그분을 알아보았다. 예수께서는 확실히 그녀 마음 깊은 곳에서 말씀하셨다. 사랑의 말씀이 그녀를 감동시켜 사랑이 죽음보다 강하고, 죽음조차 내 삶의 은인, 내 사랑하는 임을 이기지 못하였다는 믿음을 갖게 했다.

캔터베리의 안셀모는 막달라 마리아와 예수의 만남을 기도중에 이런 감동적인 말로 노래했다.

"자애로운 사랑은 그녀의 탄식과 은둔을 차마 견디지 못하였구나. 사랑하는 임의 감미로움이 흘러나와 우는 이의 비탄은 오래 가지 않았네. 주께서 소녀의 이름을 부르시자 소녀는 주님의 낯익은 목소리를 알아차렸다네. 굳게 믿거니와, '마리아'라고 불리었을 때 맛보았던 예전의 희열을 다시 느꼈으리라. 오, 기쁨의 음성이여, 듣기에 얼마나 부드럽고 사랑스러운가! '그대가 누구이며 무엇을 원하는지 나는 안다. 보아라, 나다! 눈물을 거두고 보아라, 내가 바로 그대가 찾는 사람이다!' 이 말을 '마리아'이 한 마디보다 더 짧고 빠르게 표현할 길은 없으리라. 지금 흘리는 눈물은 이미 다른 눈물이니, 아마 쉽게 마르진 않으리라. 한때는 비통한 마음이 괴로움에 짓눌려 쏟은 눈물이었지만 이제는 기쁜 마음이 환호성 지르며 흘려 놓은 눈물이로다"(안셀모 102).

막달라 마리아와 부활하신 주님의 만남을 묵상하면서 안셀모 내면에는 그리스도께 대한 사랑이 뜨겁게 타

막달라 마리아

올랐다. 하여, 부활하신 주님께 대한 사랑을 기도를 통해 다른 사람들에게도 일깨우고 싶어했다. 죽음보다 강한 사랑과 접하는 데 이 부활의 만남을 묵상하는 것보다 더 나은 명상을 그는 알지 못했다.

⚜

오늘 이 아름다운 장면을 묵상하며 사랑의 신비로 들어가 보십시오. 십자가에서 죽을 때 그대를 온전히 사랑하신 예수께서 이 불가해한 사랑으로 이제는 그대에게 말을 건네고, 그대의 이름을 부르며, 누구도 아닌 바로 그대라 말하시는 모습을 떠올려 보십시오! 그대는 그분에게 아주 소중합니다. 그분은 그대를 온전히, 남김 없이, 조건 없이 사랑하십니다. 그대의 이름이 그분의 손에 새겨져 있습니다. 이 부활의 만남을 묵상하노라면 그대 자신과 그대의 가치에 대한 깊은 의구심을 떨쳐버릴 수 있을 것입니다. 그대가 막달라 마리아처럼 온전히 사랑받고 있음을 안다면 사방에서 인정받으려 애쓸 필요가 없습니다. 죽음을 넘어서까지 지속되는 예수님의 조건없는 사랑을 체험할 때 그대는 깊은 내적 평화로 충만할 것입니다. 그분의 사랑 안에서 그대의 갈망은 평안을 얻을 것입니다.

부활 제3주간

■ 수요일
나를 만지지 말라!(요한 20,17)

사랑에 북받친 막달라 마리아는 예수께 달려가 분명 그분을 사랑스레 어루만지거나 껴안으려 했을 것이다. 예술가들은 이 모습을 여러 가지로 표현한다. 더러는 막달라 마리아가 예수님 앞에 무릎을 꿇은 채 발을 감싸 안고 있다. 더러는 그분의 옆구리를 만지는 그림도 있다. 마리아는 그분을 안고 싶었다. 어쨌든 그분이 죽기 전에 그분과 가졌던 관계를 회복하고 싶었다. 그녀는 사랑하는 스승을 알아채고 그분의 가까움을 느끼고 싶었다. 그분의 사랑이 가까이 가자 그녀가 건강해졌다. 그것은 이제 그녀의 슬픔을 항구적인 기쁨으로 변화시켰고 영원한 위로가 되었다. 하지만 예수의 대답은 이러했다. "나를 만지지 마시오"(요한 20,17).

부활이란 단지 예수께서 죽기 전의 상태로 복귀했음을 의미하는 것이 아니다. 그분은 아버지께로 가는 길이다. 붙잡을 수 없다. 부활하신 주님의 사랑은 만짐과 포옹을 통해서가 아니라, 이름을 부르는 데서, 죽음의 공포를 넘어선 분과 그분께 자신의 현존을 감사드리는 여인과의 깊은 만남을 통해서 성립된다. 막달라 마리아에 대한 예수님의 사랑을 죽음이 갈라놓을 수는 없었

막달라 마리아

다. 죽음은 그녀에게 아무런 해도 끼칠 수 없었다. 예수의 죽음은 막달라 마리아에게 사랑하는 분을 놓아드리는 법을 가르쳐 주었다. 그것은 그녀의 사랑을 변화시켰고, 일체의 소유욕에서 그녀를 해방시켰다.

요한은 예수 그리스도를 통한 인간의 구원을 사랑할 줄 아는 능력으로 이해했다. 요한이 볼 때 인간의 고통은 자기 소외에서 비롯된다. 자기 소외를 통해 인간은 사랑할 능력을 상실한다. 자신과 만나지 못하는 사람은 사랑 안에서 다른 이를 만날 수 없다. 그는 상대방에게 사랑을 요구하며 자기 자신을 느끼기 위해 남의 사랑을 이용하고 상대의 사랑을 빨아들이기만 한다. 그러나 그들 사이에는 사랑이 흐를 수가 없다. 자신을 소외시킨 사람은 하느님으로부터 흘러 들어오는 사랑도, 하느님께 대한 사랑도 느끼지 못한다. 사랑의 강이 말라서 흐르지 않는다. 요한에게 십자가 위에서의 예수의 죽음은 예수께서 우리를 죽기까지 사랑했다는 징표이다. 십자가는 하느님 사랑의 신비 속으로 들어가는 문이다. 예수의 사랑은 부활을 통해 완성되었다. 예수의 죽음에서 사랑의 희생이 드러나고, 예수의 부활에서 사랑의 승리가 나타난다. 그래서 요한은 막달라 마리아와 예수의 만남을 사랑 이야기로 그렸다. "나를 만지지 말라"는 말은 영혼이 사랑하는 이를 기어이 찾아낸 신부의 사랑 노래를 연상케 한다. "애타게 그리던 임을 만났다네. 나는 놓칠세라 임을 붙잡고 기어이 어머니 집으로 끌고 왔다네. 어머니가 나를 잉태하던 바로 이 방으로 들어왔다네. 들판을 뛰노는 노루 사슴 같은 예루살렘의 아가씨들아, 이 사랑이 잦아들기까지 제발 방해하지 말아다오. 흔들어 깨우지 말아 다오"(아가 3,4-5).

 부활하신 주님이 우리에게 보여주시고 부활을 통해서 우리에게 가르치고자 하는 사랑은 신랑 신부의 에로스적인 사랑과 다르다. 그 사랑은 구속하지도 구속받지도 않는다. 에로스적인 사랑은 껴안으며 사랑하는 이에게 매달린다. 부활하신 주님의 사랑은 자유롭게 놓아주는 사랑이다. 그리스도께서 다정하게 우리 이름을 부르며 말을 건네실 때, 얼굴을 돌려 우리를 바라보실 때 그분의 사랑은 우리 마음 깊은 곳까지 흘러든다. 그러나 우리 자신만을 위해 그 사랑을 간직하지는 말자. 그 사랑은 부활하신 그리스도께 자신을 내맡기는 모든 이를 위한 사랑이므로. 이것이 막달라 마리아가 배워야 할 일이었다. 그리고 요한이 보여주듯이 그녀는 그것을 배웠다. 전설은 요한의 해석에서 한발짝 더 나아가 막달라 마리아를 사랑의 귀재로 그려낸다. 그녀가 하느님의 사랑에 깊이 빠져 명상할 때 그녀의 얼굴은 그저 사랑 그 자체였다는 것이다. 그녀를 만나면 누구나 그녀

_____ 막달라 마리아 _____

의 사랑에 매료된다. 부활을 묵상하면 우리도 신적 사랑의 신비로 축성된다. 이는 막달라 마리아가 우리에게 보여준 완전한 에로스적 사랑이지만, 죽음이라는 변화를 거치면서 더이상 우리를 구속하거나 특정한 감정에 얽어 두지 않는 그런 사랑이다. 부활을 통해 드러나는 이런 사랑에는 다음과 같은 아가서의 말씀이 제격이다. "사랑은 죽음처럼 강한 것, 시샘은 저승처럼 극성스러운 것, 어떤 불길이 그보다 거세리오? 바닷물로도 끌 수 없고 굽이치는 물살도 쓸어 갈 수 없는 것, 있는 재산 다 준다고 사랑을 바치리오? 그러다간 웃음만 사고 말겠지"(아가 8,6-7).

⚜

그대는 사랑하고 사랑받고 싶은 갈망을 어찌합니까? 그대가 애인, 부모, 부부에게서 경험하는 사랑을 의심하지는 않습니까? 의심을 억누를 필요는 없습니다. 그대로 두십시오. 그것은 그대가 사람들에게서 받는 사랑을 통해 부활하신 주님이 그대에게 쏟으시는 사랑으로 그대를 인도할 것입니다. 그대가 사람들의 사랑으로부터 죽음을 이긴 예수님의 무한하고 절대적인 사랑으로 옮아갈 수만 있다면 인간적인 사랑을 그냥 누려도 좋습니다. 부활을 경축한다는 것은 죽음에 임해서도 와해되지 않는 사랑을 믿는다는 것이며, 그대가 영원한 하느님의 사랑을 한몸에 입고 있음을 안다는 것입니다.

■ 목요일
하느님의 사랑 안으로 받아들여짐(요한 20,17)

막달라 마리아가 예수님을 붙잡지 말아야 했던 이유는 예수께서 아직 아버지께 올라가지 않았기 때문이었다. 요한은 부활을 '아버지께로 올라가심'으로 이해했다. 강생은 '인간에게로 내려오심'이었다. 십자가에서 예수께서는 아버지께 들어올려지고 영광 받았다. 부활을 통해 그분은 아버지께 올라가신다. 그렇다면 아버지 쪽에서 볼 때 그분은 십자가에 못박히고, 부활하고, 들어올림을 받으신 분이다. 부활에 대한 요한의 구상이 우리에게 말하려고 하는 것은 과연 무엇일까? 그것은 단지 하나의 신학적 구성 체계에 지나지 않는 것일까, 아니면 우리 삶에 어떤 의미를 주는 것일까?

부활 시기에는 평일 복음으로 이별의 말씀을 자주 읽는다(요한 14-17장). 예수께서는 우리에게 거처를 마련해 주시기 위해 아버지께 가신다고 누차 말씀하신다. "내가 떠나갔다가 돌아온다고 한 말을 그대들은 들었거니와,

나를 사랑한다면 내가 아버지께로 가는 것이 오히려 반가울 것입니다. 아버지께서 나보다 크시기 때문입니다. 미리 지금 일러 두는 것은 일이 이루어질 때 그대들이 믿도록 하려는 것입니다"(요한 14,28-30). 부활하신 예수께서는 아버지께로 가신다. 이 점, 제자들이 기뻐할 이유 중 하나일 것이다.

그들이 함께 살고 만나고 만진 그분이 이제 아버지의 영광 안에 계시기 때문이다. 그분으로 하여 우리는 아버지 앞에서 막강한 후견인을 갖는 셈이다. 그분으로 하여 우리의 일부가 이미 하느님 곁에 가 있다. 우리는 예수 그리스도와 더불어 이미 하늘로 들어올려졌다. 그리고 그분을 통해 우리는 부자간의 사랑에 푹 빠져 있다. 아버지께서 아들을 사랑하시고, 아들도 아버지를 사랑한다는 것, 그리고 우리도 이 사랑을 나누어 가진다는 것이 작별인사 말씀의 일관된 주제다. 예수께서는 아버지께서 당신을 사랑하신 그 사랑이 우리 안에 있고 그리스도 자신도 우리 안에 있기를 하늘을 우러러 기도하셨다(요한 17,26 참조).

요한에게 부활이란 우리가 아버지의 영광 안으로 받아들여지고, 그리스도를 통해 하늘로 올라가고, 부자간의 사랑으로 이끌려드는 것을 뜻한다. 부활은 따라서 예수 그리스도에 관한 이야기일 뿐 아니라 우리 그리스도인에 관한 이야기이기도 하다. 부활은 우리 그리스도인들이 지금까지와는 다른 존재 방식, 삶의 새로운 방식을 취할 수 있도록 해준다. 진정한 삶은 하느님의 생명이 사람 속으로 흘러 들어가는 곳에서 비로소 이루어질 수 있다고 요한 복음서는 말한다. 요한이 말하는 하느님의 생명이란 곧 하느님의 사랑이다. 하느님의 사랑이 우리 안에 흐르기 때문에 우리는 서로 사랑할 수 있다. 사랑만이 삶을 살 가치 있는 것으로 만든다.

⚜

사람들한테서 느끼는 그대의 사랑을 들여다보십시오. 어떻게 느껴지십니까? 그대 안에 흐르는 사랑이 어느 특정인에게만 국한된다고 여기지 마십시오. 그대 안에 머무는 하느님의 사랑이 그대 사랑 안에 흐르고, 그 사랑이 그대를 하느님께 인도하고, 그대를 부자간의 영원한 사랑으로 초대한다고 생각해 보십시오. 그러면 요한이 "하느님은 사랑이십니다. 사랑 안에 머무는 사람은 하느님 안에 머물고 하느님도 그 사람 안에 머무십니다"(1요한 4.16)라고 말한 뜻을 알게 될 것입니다. 사랑은 하느님과 우리 자신을 새롭게 체험하는 장소입니다. 사랑 안에서 우리는 삶의 신비를 느낍니다. 삶은 사랑 때문에 살 가치가 있는 것이 됩니다. 사랑할 때 우리는 하느님의 사랑과 그분의 마음 속에 받아들여집니다.

■ 금요일
　나는 주님을 보았다!(요한 20,18)

예수께서는 막달라 마리아에게 말씀하셨다. "가서 형제들에게 이르시오. '나는 내 아버지요 여러분의 아버지, 내 하느님이요 여러분의 하느님이신 그분께로 올라간다'고"(요한 20,17). 요한에 따르면 부활의 신비를 제자들에게 전한 사람은 막달라 마리아였다. 부활 메시지의 실질적 선포자가 여성이었던 것이다. 요한 복음서의 이 대담한 증언은 초대 교회에 깊은 인상을 남겼다. 아우구스티누스는 막달라 마리아를 "사도들의 여사도"라고 불렀다. 남자인 사도들이 볼 때 여자가 부활의 선포자가 된다는 것은 부당했다. 그가 하필이면 예수께서 일곱 귀신을 쫓아낸 적이 있는 바로 그 죄많은 여자였다는 것은 남성 중심의 교회에 대한 더없는 도전이었다. 초대 교회는 믿음을 전파하는 데 중요한 역할을 했던 많은 여성상들을 막달라 마리아에게서 보았고 예수께서 던진 메시지의 신비를 그녀에게서 읽어냈다. 그것은 예수께서 당신을 따르며 온 세상에 그분을 증거하는 소명을 바로 그 죄많은 여자에게 주셨다는 것이었다.

막달라 마리아는 예수께서 전하라 하신 말씀만 전한 것이 아니었다. 거기에 자신의 증언을 보탰다. "주님을 뵈었습니다"(요한 20,18). 그는 부활하신 주님의 말씀만 들은 것이 아니라 그분을 보았고 체험했다. 그분을 만났다. 그 만남으로 마리아에게는 삶의 신비가 열렸다. 하여, 몸소 체험한 것까지를 덧붙였다. 그것은 객관적 문장이 아니라 주관적 체험에서 비롯된 것이었다. 이로써 막달라 마리아는 부활에 관해 우리가 어떤 식으로 말해야 하는지도 분명히 가르쳐 준다. 남들이 하는 말을 따라하는 것만으로는 부족하다. 우리 자신의 체험에서 출발해야 한다. 신학은 추상적 사유 체계가 아니라 우리 각자가 자신과 하느님과 함께 나눈 주관적 체험의 해석이다. 삶을 들여다보면 우리도 주님을 보았노라 증언할 수 있다. 가난한 이들과 병든 이들, 고통당하는 이들과 낯선 이들에게서 우리는 주님을 본다. 마음 깊은 곳에서 우리에게 말을 건네고 감동시키는 사람들에게서도 주님을 본다. 삶의 체험에서, 깨어진 것들이 다시 화합하고 있음 직하지 않은 것이 실제가 되는, 우연처럼 보이는 모든 것들에서 우리는 부활하신 주님을 본다. 전례, 자연의 아름다움, 들리지 않는 것을 들리게 하는 음악, 보이지 않는 것을 보이게 하는 미술, 하느님의

막달라 마리아

영광이 빛나는 곳 어디에서나 우리는 부활하신 분을 만난다. 하느님의 빛이 사람한테서 빛나는 곳, 하느님의 신비가 한 떨기 꽃에서 반짝이는 그곳에서 우리는 부활하신 분을 만난다.

막달라 마리아처럼 하지 않으면 부활의 증인이 될 수가 없다. 우리는 자신에 대해서, 자신의 부활 체험에 대해서 이야기해야 한다. 막달라 마리아 이야기를 묵상하면 우리 삶에서도 감히 "주님을 보았다"라고 말할 수 있는 체험들을 넉넉히 찾아낼 수 있다.

⚜

"주님을 보았습니다"라는 말과 함께 오늘 하루를 살아 보십시오. 사람들을 새로운 눈으로 보게 될 것입니다. 오늘 일어나는 일들을 다른 시선으로 보게 될 것입니다. 그대의 일상이 그저 의무와 성과, 수고와 지나친 요구로 점철된 것만은 아님을 알게 될 것입니다. 어떤 새로운 것에 대한 각성, 그대의 세계 안으로 홀연히 들어오시는 하느님 — 이렇게 부활은 일상에서도 늘 체험될 수 있습니다. 하느님이 삶으로 들어오시면 번잡한 나날도 편안하고 온전해집니다. 죽음 한복판에도 부활은 있습니다.

부활 제3주간

■ 토요일

사람들에게 보내졌다(사도 8,26-40)

부활 제3주간 목요일, 우리는 에디오피아 사람의 세례 이야기를 듣는다. 이 이야기 역시 전형적인 루가의 부활사화다. 여기서 루가는 어떻게 부활이라는 사건이 출신을 달리하는 사람들끼리의 구체적인 만남을 통해서 일어날 수 있는지 보여주려 한다. 주님의 천사가 등장한다. 사도행전에는 그리스도께서 살아 계시고 진정한 메시아라는 것을 증거하는 부활 천사들이 많이 나온다. "주님의 천사가 필립보에게 일렀다. '일어나 예루살렘에서 가자로 내려가는 길을 따라 남쪽으로 가거라.' 그 길은 외딴 길이다"(사도 8,26). 무엇이 그를 기다리고 있는지 알지 못한 채 필립보는 그곳을 떠나 외딴 길을 갔다. 도중에 마차를 타고 집으로 돌아가는 한 에디오피아 고관을 만났는데, 그때 주님의 천사가 필립보에게 "마차에 다가가거라"(사도 8,29) 하고 일렀다. "필립보가 달려가 그가 이사야 예언서를 읽는 것을 듣고서는 '읽는 것을 알아들으십니까?' 하고 묻자 그가 '누가 이끌어 주지 않는데 어떻게 알아듣겠습니까?' 하고 필립보에게 함께 타기를 청했다"(사도 8,30-31). 필립보는 마차에 올라, 이사야 예언자가 도살장으로 끌려가는 양과 같은 하느님의 종에 대해 말하고 있는 성서 구절을 설명해 주었다.

이 성서 말씀을 풀어 설명하면서 필립보는 예수의 복음을 전했다. 감동한 내시는 가다가 물 있는 곳에 이르러 마차를 멈추게 하고 세례를 청했다. 내시가 세례를 받고 물에서 올라오자 주님의 영이 필립보를 잡아채 갔으므로 내시는 그를 다시 보지 못했다.

루가는 이 사건을 엠마오 제자들의 장면과 비슷하게 묘사했다. 그러나 여기서는 부활하신 분이 실망한 제자들에게 직접 나타나는 것이 아니라 부활의 선포자 필립보가 예루살렘을 순례하고 돌아가는 외국인을 만나는 것으로 되어 있다. 내시가 하느님을 찾는 자임에는 틀림없지만 아직 참 하느님을 찾지는 못했다. 엠마오 제자들처럼 아직도 우왕좌왕하고 있다. 함께 이야기 나눌 사람도 없다. 그는 이사야 예언서에서 한 대목을 큰 소리로 읽었다. 주님의 천사가 필립보를 그의 곁으로 가게 하자 눈이 열리고 세례를 받아 새 생명을 얻었다. 부활은 늘 주님의 천사가 우리를 사람들에게 보내 눈을 열어 주게 할 때 이루어진다. 변화의 길에는 우선 우리의 동행이 필요하다. 필립보는 내시를 따라가 무엇이 그를 움직이고 그가 무엇을 읽는지 정확하게 들어야 한다. 그가 읽고 있는 것을 이해도 하는지 묻는 것은 다음 일이다. 이 질문이 우리에게는 이렇게 들릴지도 모른다. "그대에게 일어나고 있는 일들을 이해하는가? 그대가 왜 하필이면 이 길을 선택했는지, 왜 우리가 바로 지금 만났는지 설명할 수 있는가? 이 책의 어떤 점이 그대를 감동시키는지, 이 음악은 왜 이리도 매혹적인지 알겠는가?" 우리가 이런 질문들을 가슴에 품고 다른 사람을 만날 때, 그때부터 시작되는 과정의 끝은 우리 모두 경축해 마지않을 부활일 터이다.

⚜

부활 천사는 오늘 그대를 누구에게 보내려 합니까? 그대가 동행할 사람은 누구입니까? 그대 곁 누군가가 하려는 이야기를 귀담아 들어줘야 할 때는 언제입니까? 누가 자신의 체험이나 꿈이나 읽고 있는 책에 대해서 이야기할 때, 그대가 질문을 던질 시점은 언제입니까? 옳은 질문을 던지는 일이 동화에서는 참 중요합니다. 그대 가까이 사는 사람이나 스치고 지나가는 사람에게 어떤 질문을 던지고 싶습니까? 어떤 질문이 그에게 삶의 신비를 깨닫게 하고 부활의 체험으로 이르는 계기를 마련해 줄 것 같습니까?

토마의 학원에서
부활 제4주간

■ 주일
  내 마음의 닫힌 문(요한 20,19)

"그 날, 곧 주간 첫날 저녁에 제자들은 유대인들이 무서워 모여 있던 곳의 문을 잠가 놓고 있었다. 그런데 예수께서 오시어 한가운데 서서 '그대들에게 평화!' 하고 말씀하시며 손과 옆구리를 보여 주셨다"(요한 20,19). 부활하신 분이 닫힌 문으로 들어오신다. 제자들의 두려움도 닫힌 문으로 들어와 평화를 비는 그분을 막을 수 없었다. 이는 몹시 아름다운 부활의 한 장면이다. 우리는 종종 다른 사람들에게 문을 닫아걸고 아무도 들어오지 못하게 한다. 무서워서 철갑에 몸을 숨긴다. 부활하신 주님이 우리 마음에 오시고 우리집에 들어오시는 것을 자물쇠와 빗장이 막을 수는 없다. 이것이 부활의 의미다. 다른 사람들에 대해서 단단히 벽을 쌓아둔 어떤 그리스도교 공동체도, 부활하신 주님께서 친히 그들 가운데로 들어와 그들의 공동체 생활을 변화시키는 것을 막지는 못한다.

많은 동화와 전설에서 문은 자아실현의 중요한 상징이다. 착한 목자 주일 복음에서 예수께서도 자신을 일컬어 이렇게 말씀하신다. "나는 문입니다. 나를 통해 들어오면 누구나 구원받을 것이고 드나들며 목초를 찾아 얻을 것입니다"(요한 10,9). 예수께서는 우리의 닫힌 문으로 들어오시기만 할 뿐 아니라 당신 자신이 생명에 이르는 문이기도 하다. 문은 한 영역에서 다른 영역으로의 이행, 이를테면 현세에서 내세로, 속(俗)에서 성(聖)으로의 이행을 상징한다. 중세 주교좌 성당의 문은 대개 옥좌에 앉은 그리스도로 장식되어 있다. 그리스도를 통해서만 참된 생명의 영역으로 들어갈 수 있다는 것을 중세 사람들은 잘 알고 있었던 것이다. 예수의 말씀을 진지하게 받아들일 때 비로소 우리 삶은 온전하고 건강해지며, 예수라는 문으로 들어올 때 비로소 참된 자아가 실현될 수 있다. 예수께서는 이러한 삶이 무엇을 의미하는지 두 가지 비유로 아름답게 그렸다. 우리는 드나들며 초원을 발견할 것이다. 생명은 우리 안에서 이리저리 흐르고 우리는 더이상 내향적으로 우리 주위만을 맴돌지 않을 것이다. 그렇다고 피상적으로 살지만도 않을 것이다. 우리는 집으로 들어가는 문을 찾지 못해 헤매는 꿈을 꾸곤 한다. 이는 우리가 마음과 우리 자신에 접근하지 못하고, 영혼과 관계맺지 못한 채 밖으로만 떠돌고 있음을 상징한다. 그리스도라는 문으로 들어갈 때 우리는 다시 마음과 관계를 맺으면서 이 세상의 형태를 만들어 갈 것이다. 그리고 초원을, 우리를 참으로 살찌우는 음식을 발견할 것이다.

참된 문 그리스도, 이는 부활의 아름다운 상징이다. 우리가 문을 굳게 닫아건다 해도 생명의 문 그리스도께서는 닫힌 문을 부수고 활보하실 것이다. 그분이 닫힌 문으로 우리에게 오시면 우리도 우리 자신한테로 새롭게 다가갈 수 있게 된다.

✢

오늘, 그대가 드나드는 문을 깨인 의식으로 바라보십시오! 멋들어지게 장식된 문도 있을 것입니다. 문은 우리를 자유롭게 합니다. 질식할 것 같은 사무실을 한 번 떠나 보십시오. 크고 안온하고 아름다운 방, 밝은 빛 넘실대는 방, 운치있는 방으로 향하는 문은 따로 있습니다. 이 방들이 그대가 사는 집의 방을 상징한다고 여기십시오! 부활하신 분을 그대 집의 모든 방으로 맞아들여, 모든 닫힌 것들이 열리고 막힌 것들과 억압된 것들이 모두 다시 살아나는 모습을 상상해 보십시오! 문이 중요한 모티프였던 꿈을 꾼 적이 있습니까? 삶이 넉넉해지기까지, 지금 편히 머물고 있는 그 방에 오기까지 그대는 어떤 문들을 지나와야 했습니까? 그대가 열어줄 때를 기다리는 문은 어디에 있습니까?

■ 월요일
너희에게 평화가 있기를!(요한 20,19-21)

부활하신 그리스도께서는 제자들에게 연달아 두 번씩이나 평화를 기원하셨다(요한 20,19.21). 이것은 이례적인 일이다. 부활 저녁 장면에서 요한은 성찬례 때마다 초대 교회 신자들에게 어떤 일이 일어났는지 서술한다. 그때 주교는 "평화가 여러분과 함께!"라는 인사로 성찬례를 시작했다. 신자들은 부활하신 주님이 이 순간 친히 그들 가운데 계심을 알았다. 이제 부활하신 그리스도께서 그들에게 말씀하시고 예수의 죽음과 부활에서 드러난 사랑을 완성에 이르기까지 보여주실 것이다. 요한 복음서의 말씀들은 부활 승천하신 분의 말씀이다. 그리스도께서 아버지께로 올라가시기 전에 제자들에게 하신 그 말씀이다. 그분은 지금 우리에게도 똑같은 말씀을 하신다. 그 말씀은 아버지의 영광으로부터 와서 지금 우리 있는 곳에까지 다다른다. 그 말씀은 죽음의 경계를 지우고 하늘과 땅을 이어주는 사랑의 말씀이다.

  요한이 묘사한 부활 저녁의 성찬례는 두 가지 상징을 통해 이해될 수 있다. "손과 옆구리를 보여 주셨다"(요한 20,20). 우리가 빵을 나누려고 모였을 때 부활하신 주님은 우리에게 말씀만 하시는 것이 아니라 손과 옆구리의 상처까지 보여주신다. 우리를 위해 당신 손을 불 속에 집어넣으시고, 우리를 위해 행동하시며, 당신 손으로 우리를 지켜 보호하신다는 것을 그분은 그대의 구멍 뚫린 손을 통해 일러주려 하신다. 우리를 위해 그분은 우리 손이 뚫은 상처를 감내하셨다. 그 손의 상처를 보면 우리가 남에게 당한 온갖 폭행과 우리를 움켜쥐고 놔주지 않던 손과 못박고 묶고 상처 입히던 손들이 떠오른다. 우리가 내미는 손이 누군가에게 거부되거나 내쳐지면 우리 손은 상처받는다. 예수께서 우리의 상처를 짊어지시고 당신 손에 새기셨음을 우리는 성찬례 때마다 체험한다. 불교에서 펴진 손은 붓다가 비밀을 감추고 있지 않다는 것을 의미한다. 이처럼 예수께서도 제자들에게 모든 것을 계시하셨음을 당신 손으로 보여주신다. 성찬례 때 당신 손을 보여주실 때 그분은 우리가 당신의 벗이라 말씀하신다. "나는 그대들을 벗이라고 불렀습니다. 내가 아버지에게서 들은 것을 모두 알려 주었기 때문입니다"(요한 15,15).

_____ **토마의 학원에서** _____

성찬례를 통해 예수께서는 구멍 뚫린 옆구리를 우리에게 내보이신다. 그 옆구리에서 피와 물이 쏟아져 흐른다. 요한에게 그것은 우리를 향해 흐르는 성령의 상징이자 우리 안에 흐르는 그리스도의 사랑을 상징하는 것이었다. 성찬례 때 우리는 예수의 피를 마시고, 그 피를 마심으로써 사람이 되신 하느님의 사랑을 마신다. 그분의 몸을 손에 모심으로써 우리 손의 상처들이 치유된다. 그분 옆구리에서 흐르는 피를 받아 마심은, 우리를 죽기까지 사랑한 그리스도의 사랑이 남김없이 우리 안에 스며들어 변화를 불러일으키도록 하기 위함이다. 제자들처럼 우리도 부활하신 주님의 손과 옆구리에서 드러난 사랑의 신비에 응답해야겠다. "제자들은 주님을 뵙고 기뻐했다"(요한 20,20). 우리는 성찬례의 몸과 피에서 주님 자신을 본다.

부활 저녁의 성찬례에 나타난 요한의 둘째 상징은 "내 아버지께서 나를 보내 주신 것처럼 나도 너희를 보낸다"(요한 20,21)라는 예수의 말씀에서 분명히 드러난다. 우리에게 부활은 파견된다는 뜻이다. 부활하신 주님의 현존을 기뻐하는 것만으로는 부족하다. 부활하신 주님은 당신의 말씀을 전하고 당신의 사랑을 증언하도록 우리를 세상에 파견하신다. 그리스도께서는 우리를 통해서 이 세상 모든 영역 안으로 들어가고 싶어하신다. 우

부활 제4주간

리를 통해 그분은 두려움으로 자기 안에 갇혀 있는 인간의 닫힌 문을 박차고 나가 활보하고 싶어하신다. 우리를 통해 그분은 당신의 손과 옆구리를 사람들에게 보여주고 싶어하신다. 우리의 손을 통해 그분은 사람들을 부드럽게 어루만지고 격려하며 일으켜세우고 싶어하신다. 우리의 손은 그분의 이름으로 사람들의 안녕을 위해 있는 힘을 다해 일해야 한다. 그리고 예수께서는 우리 마음을 통해 당신 옆구리를 사람들에게 보여주고 싶어하신다. 그러니까, 우리 마음을 통해 당신 사랑이 버림받은 이들의 고독 속으로 흘러들어가기를 원하시는 것이다.

⚜

오늘 그대는 손에 무엇을 쥐고 싶습니까? 누구를 부드럽게 어루만지고 누구에게 화해의 손을 내밀고 싶습니까? 누구에게 그대의 마음을, 그대의 사랑을, 그대의 선의를 보여주고 싶습니까? 그대가 좁고 닫힌 마음으로 사람들을 대하는지, 아니면 넓고 열린 마음으로 사람들을 대하는지, 마음에 주의를 기울여 보십시오. 부활하신 그리스도께서 그대의 마음을 통해 그분의 사랑을 보여주기를 원하신다는 것을 생각하십시오!

_____토마의 학원에서_____

■ 화요일
 예수께서 우리에게 당신의 사랑을 불어넣으셨다(요한 20,22 이하)

"그리고 숨을 불어넣어 주시며 말씀하셨다. '성령을 받으시오. 누구의 죄든지 그대들이 용서해 주면 용서받을 것이고 그대로 두면 그대로 남아 있을 것입니다'"(요한 20.22-23). 예수께서는 이처럼 부드럽게 제자들에게 숨을 불어넣으시며 당신의 영을 주셨다. 그 영은 주님의 인격적인 영이다. 예수께서는 그 영으로 사셨고 행동하셨고 말씀하셨고 사랑하셨다. 주님이 우리에게 당신 영을 불어넣어 주시면 우리도 그분이 말씀하시고 행동하시고 사랑하신 것처럼 그렇게 할 수 있다. 주님이 우리에게 불어넣으신 것은 성령이다. 그러나 그 영은 인격적인 영이라, 주님이 사람들에게 다가가 말을 건네시는 구체적인 방식이기도 하다. 그 영은 주님이 우리에게 끼치는 인격적인 영향력이다.

 다른 이에게 숨을 불어넣어 준다는 것은 우리가 가진 가장 내면적인 것을 그에게 준다는 것을 의미한다. 예수께서는 우리에게 당신의 사랑을 불어넣으셨다. 이제 우리는 숨쉴 때 공기만 들이마시는 것이 아니라 하느님의 성령을, 하느님의 사랑을 들이마신다. 페르시아의 신비가 잘랄 에딘 아루미Dschalal ed-din ar-rumi는 숨을 가리켜

_____부활 제4주간_____

우리에게 스며드는 하느님의 사랑향_香이라 했다. 예수께서 당신의 사랑을 우리에게 불어넣으시는 것보다 더 내밀한 결속은 예수와 우리 사이에 없으리라. 숨쉴 때마다 우리는 주님의 사랑을 몸으로 느낀다. 다만 우리는 온전히 이 숨 속에서 느끼기만 하면 된다. 그러면 숨쉴 때마다 풍겨오는 그리스도의 사랑향을 감지할 수 있다. 그것은 예수와 우리 사이에 깊은 친밀성을 선사한다. 어떻게 더 가까이 느낄 수 있으랴.

숨을 불어넣는다는 뜻의 그리스어 "엠피사오"emphysao는 창세기에서 하느님의 창조 행위를 가리키는 데 사용되었다. 하느님의 숨결은 모든 피조물에 생명을 일깨운다. 마찬가지로, 예수께서 숨을 불어넣는 것도 뭔가를 창조하는 것이다. 예수께서는 당신의 영으로 우리 안에 하나의 새로운 현실을 창조하신다. 이 새로운 현실은 우리 안에 깊이 스며드는 사랑이다. 요한에게 사랑은 무엇보다 죄를 용서하는 데서 표현된다. 여기서 용서란 우리가 하느님께 받는 용서뿐 아니라 우리 인간들 사이에 베푸는 용서까지도 포괄한다. 내게 상처입힌 사람을 용서하는 능력을 요한은 부활하신 주님이 내게 불어넣으신 성령의 표현으로 보았다. 남을 용서할 수 없을 때 나는 그에게 매여 있고 나의 내면은 분노와 고통과 슬픔으로 가득차 있다. 남이 나의 기분을 결정하는 것이다. 숨쉴 때 그리스도의 사랑이 내 안에 스며들면 남을 용서하게 된다. 더는 남이 내게 영향력을 행사할 수 없다. 죄는 사람을 유리시키고, 공동체에서 소외시키며, 자기 내면의 분열을 조장한다. 용서하는 사랑은 자신 안에서 분열된 사람을 다시 합일시키고 공동체 안으로 다시 받아들인다. 그러면 그 사람 안에도 다시 생명이 감돌고 온몸에 사랑이 넘쳐흐른다.

⚜

오늘 그대의 숨을 지켜보십시오! 숨쉴 때마다 그대가 예수의 영을 들이마시고, 숨쉴 때마다 그리스도의 사랑이 그대 몸의 땀구멍 속속들이 스미는 모습을 상상해 보십시오! 기분이 어떻습니까? 그렇게 함으로써 그대 삶은 어떤 풍취를 지니게 됩니까? 이 사랑이 그대의 가장 내밀한 현실이라면, 용서가 그대에게 부담이거나 지나친 강요일 수 없을 것입니다. 사랑이 그대를 가득 채우고 그대 안에 남은 쓴맛이 없으므로 남이 끼치는 해악을 떨쳐버릴 수 있습니다. 용서하는 사랑이 그대에게 상처입힌 사람의 영향력에서 어떻게 그대를 해방시키는지 느끼게 될 것입니다. 용서가 그대의 상처입은 과거를 치유시켜 줍니다. 용서할 능력을 주는 것은 그대 안에 있는 그리스도의 사랑입니다. 이제 그대는 상처입은 인생사를 벗어나 숨쉴 때마다 그대를 휘감아 도는 사랑의 현실 속에 살게 됩니다.

■ 수요일
체험을 찾다(요한 20,24-27)

요한은 토마라는 인물을 통해 어떻게 부활 신앙이 의심을 거치며 자랄 수 있는지 묘사하고 있다. 예부터 사람들은 토마라는 인물에 매료되었다. 토마는 의심하는 사람이었다. 우리의 신앙도 의심 때문에 흔들리는 경우가 많아, 우리는 토마에게서 자신의 모습을 발견하곤 한다. 그는 호감 가는 사람이다. 우리가 느끼는 바를 정확히 대변하는 우리의 쌍둥이다. 그러나 요한이 토마의 태도를 어떻게 해석하는지 유심히 살펴보자. 예수께서 부활 저녁에 제자들에게 나타나시어 그들에게 성령을 불어넣으셨을 때 토마는 그 자리에 있지 않았다. 제자들이 그 이야기를 해주었을 때 토마는 듣는 것만으로는 만족할 수 없었다. 토마는 제자들에게 "그분 손에 있는 못자국을 눈으로 보고, 그 못자국에 손가락을 넣어 보고, 또 그분 옆구리에 손을 넣어 보지 않고는 결코 믿지 못하겠소"(요한 20,25) 하고 대답했다.

_____ 토마의 학원에서 _____

　사실 여기서 토마는 의심하는 사람이 아니라 경험을 추구하는 사람이다. 그는 남이 하는 이야기를 믿기만 하는 것으로는 만족할 수 없었다. 스스로 보고, 스스로 더듬고, 스스로 만져보고 싶었다. 그래야 믿을 준비가 되는 것이었다. 요한은 우리가 토마의 학원에 가서 토마처럼 부활 신앙을 배우도록 인도한다. 우리의 신앙은 체험을 필요로 한다. 남들이 말하는 것을 참이라고 인정하기만 하는 것은 우리의 존엄성을 거역하는 일이다. 하느님과 부활을 체험하고 싶은 우리의 원의는 정당하다. 그러나 우리에게 일어나는 사랑의 기적을 맛보고 싶다면 우리도 토마처럼 예수의 전혀 판이하고 예기치 못했던 대답을 들을 각오를 해야 한다.

　토마는 특별히 인상적인 신앙의 조건을 한 가지 제시한다. 예수의 상처가, 그분 손의 못자국과 찢어진 옆구리가 왜 그에게는 그토록 중요했을까? 예수의 상처를 만져보고서야 비로소 부활을 믿을 수 있었단 말인가? 그런 고통 속에서 죽은 자가 다시 살아났다는 것이 믿어지지가 않아서, 십자가에 죽으신 예수와 부활하신 주님이 동일인물이라는 증명이 필요했기 때문일까? 십자가상에서 예수의 예기치 못한 죽음은 그의 메시아 신앙을 흔들어 놓았음이 분명하다. 그래서 부활을 믿는 데는 납득할 수 있는 증거가 반드시 필요했을 것이다.

부활 제4주간

여드레 뒤에 제자들이 다시 모였는데 이번에도 문이 잠겨 있었다. 8이란 숫자는 무한·영원을 상징한다. 저녁을 모르는 여드레 날은 부활 축일이다. 이 날은 그리스도인들이 성찬례를 드리기 위해 함께 모이는 주일이기도 하다. 요한이 복음서를 쓰던 1세기 말경, 그리스도인들이 모일 때는 흔히 문을 잠그곤 했다. 로마 공권력의 추적이 두려웠기 때문이다. 잠긴 문은 그들이 아직 두려움 속에 살고 있으며, 부활하신 주님과의 만남이 아직은 미더운 신앙으로 자리잡지 못했음을 뜻한다. 매주일 그리스도인들이 빵을 나누기 위해 부활하신 주님께로 모일 때 예수께서는 "평화가 여러분과 함께!"라는 인사말과 함께 제자들 가운데로 들어오신다. 요한은 우리가 매주 성찬례에 참여하면서 부활하신 주님의 현존에 대한 신앙을 어떻게 배울 수 있는지 토마를 통해 보여주려 한다.

예수께서는 막달라 마리아에게 거절하셨던 것을 토마에게 허락하신다. 그것은 바로 당신의 손과 옆구리를 만지는 일이었다. 부활 저녁, 주님은 제자들에게 당신의 손과 옆구리를 보여주기만 하셨다. 그러나 지금은 토마에게 손가락을 못자국에 넣어 보고 손을 당신 옆구리 상처에 넣어 보라 이르신다. 성찬례 때 예수께서는 우리 가운데 계실 뿐만 아니라 당신을 만지게까지 하신다. 주님이 빵의 형상으로 당신 몸을 우리 손에 놓아주시면 우리 손가락이 그분의 상처를 만지는 것이다. 그 빵은 우리와 세상의 생명을 위해서 바치신 주님의 몸이기 때문이다(요한 6,51 참조). 그리고 우리가 잔을 마실 때는 주님의 옆구리 상처에서 흐르는 피를 마시는 것이다. 그러면 예수께서 토마에게 허락하신 것과 똑같은 기적이 이루어진다. 우리가 믿음으로 손가락을 그분의 상처에 넣고, 우리 손을 그분 옆구리의 상처에 넣으면 주님의 상처에서 믿음의 기적이 일어난다. 이때 "내 살을 먹고 내 피를 마시는 이는 내 안에 머물고 나도 그 사람 안에 머뭅니다"(요한 6,56)라는 성찬례의 약속이 이루어진다. 요한이 빵에 대한 말을 할 때 "씹다, 씹어서 부수다"를 뜻하는 "트로곤"trogon이란 말을 쓰는데 이는 "군것질하다"라는 뜻이기도 하다. 그것은 모든 감각을 동원하여 기분 좋게 먹는 것이다. 이렇게 씹으면서 나는 부활하신 주님의 몸을 정말로 만진다. 바로 주님의 상처를 만지는 것이다. 이 상처에서 우리에게 주님 사랑의 기적이 일어났다. 요한에게 상흔은 예수께서 당신 벗들을 위해 바치신 사랑의 표징이다. 모든 감각을 동원하여 하늘이 내린 성찬례 빵을 씹어먹는 일이 요한에게는 모든 감각으로 애인의 사랑을 만끽하는 키스와 같은 것이었다. 그리고 그분 옆구리에서 흐르는 피, 포도

주를 마실 때 우리는 아가雅歌의 노래를 따라 부른다: "그대 사랑 포도주보다 달아라"(4,10). 그러나 부활하신 주님이 진실로 우리 가운데 계시고, 그분의 몸과 피 안에서 주님이 우리를 만지신다는 것을 참으로 믿을 때에만 그리스도의 몸과 피, 빵과 포도주 안에서 이 사랑이 느껴질 수 있다.

⚜

그대의 신앙은 어떤 체험에서 비롯되었습니까? 의심이 그대 믿음에 깊이를 더하고 그 믿음을 미망에서 해방시킨 것은 언제입니까? 손가락을 예수의 상처에 넣는 것이 그대에게는 어떤 의미입니까? 어디서 그대는 부활하신 주님을 체험했고, 어디서 그분을 만져보았습니까?

■ 목요일
　개인적인 신앙고백(요한 20,28)

토마는 당신의 상처를 만져보라는 예수의 말씀에 "나의 주님, 나의 하느님!"이란 고백으로 응답했다. 요한 복음서에서 이 말은 예수의 신성神性에 대한 가장 명백한 고백이다. 요한은 복음서 1장, 제자들을 부르시는 장면에서 어떻게 제자들이 예수의 신비를 선연히 깨닫고 있는지를 예술적으로 묘사했다. 첫번째 두 제자는 "랍비, 머무시는 곳이 어딥니까?"(요한 1.38)라고 묻는다. 안드레아는 시몬에게 "우리가 메시아를 만났다"(요한 1.41)고 말한다. 처음에는 나자렛에서 뭐 그리 신통한 것이 나올 수 있겠느냐고 (토마처럼) 의심했던 나타나엘은, 예수께서 그의 생각을 읽으시자 결국 "랍비! 하느님의 아드님이십니다. 이스라엘의 왕이십니다"(요한 1.49)라고 고백한다. 소명사화의 고백들은 요한 복음서 부활 장章에서도 다시 언급된다. 여기서 요한은 여인들 중에서는 막달라 마리아를, 제자들 중에서는 토마를 개별적으로 선정하여 다룬다. 공동체 자체는 믿음을 가질 수 없다. 믿음은 언제나 개인의 몫이다. 하느님이 누구시며 나자렛 예수가 누구인지를 깨달아야 하는 것은 각각의 개인이다.

예수께 대한 고백은 요한 복음서 끝자락에 "나의"라는 표현에서 고조되고 있다. 첫번째 제자들은 예수를 "랍비"라 부르지만 막달라 마리아는 "랍부니 — 나의 선생님"이라 부른다. 예수는 다른 랍비들보다 좀더 나은 랍비 수준에 그치는 것이 아니다. 예수는 바로 그들의 랍비이시다. 그분은 당신의 말씀과 기적과 죽음을 통해 그들이 "나의 선생님"이라고 부를 수 있는 랍비로

증명되었다. "나의"라는 말에는 어떤 깊은 관계가 표현되어 있다. 그것은 다정한 사랑의 관계, 체험과 만남과 사랑의 언행을 통해 자라난 관계이다. 나타나엘처럼 토마도 "당신은 하느님의 아들이십니다"라고 고백하지만 여기에 "나의"를 덧붙여, "나의 주님, 나의 하느님!"이라 말한다. 이것은 교회가 가르치는 신앙의 진리를 옳게 전수하기만 하는 신학적 진술이 아니다. 체험에서 우러난 개인적 고백이다. 토마로 하여금 이런 표현을 하도록 한 것은 사랑의 체험이다. 당신의 손과 옆구리를 만져봐야겠다고 집요하게 요구하는 토마의 청을 예수께서 들어 허락하신 것은, 의심하고 믿지 못하는 사람까지도 변화시킬 수 있는 사랑의 표징이다.

⚜

오늘은 개인적인 신앙고백을 한 번 적어 보십시오. 교리서에 있는 것이나 남한테 배운 것을 베껴 쓰기만 하지는 마십시오. 하느님이 그대 개인에게 어떤 의미를 지니는지, 예수 그리스도께서 그대에게 무슨 말씀을 하시는지, 그대가 부활을 어떻게 이해하는지를 표현해 보십시오. 예수를 생각하면 어떤 그림과 이름들이 떠오릅니까? 그 이름을 크게 소리 내어 불러보고, 매번 "나의"를 덧붙여 말해 보십시오. 그대가 말하는 것을 마음으로 듣고, "나의 목자, 나의 주님, 나의 형제, 나의 친구, 나의 의사, 나의 반석, 나의 피난처, 나의 하느님" — 이런 말들이 그대 안에서 무엇을 느끼게 하는지 귀기울여 보십시오. 천천히 토마를 따라 "나의 주님, 나의 하느님"이라고 말해 보면 어떻게 이 말들이 세상의 모든 대립을 허무는지를 알게 될 것입니다. 가까움과 멂, 사랑과 외경, 신앙과 불신앙, 의심과 확신, 하느님과 인간, 경험과 무경험, 만남과 단절이 모두 무너질 것입니다. 멀리 계시던 하느님이 그대의 하느님이 되고 이해할 수 없던 하느님을 이해하게 되며 붙잡을 수 없던 하느님을 붙잡을 수 있게 될 것입니다. 그러면 사랑 안에서 그대와 하느님 사이에 거리가 사라지고 그대는 그리스도 안에서 하느님과 하나가 될 것입니다.

■ 금요일
보지 않고도 믿는다 (요한 20,29)

요한은 "그대는 나를 보고야 믿었습니다. 보지 않고도 믿는 이들은 복됩니다!" (요한 20,29)라는 예수의 말씀으로 토마 이야기를 끝맺는다. 많은 사람들이, 부활하신 주님을 눈으로 보지 않고도 믿어야 하는 우리에게 예수께서 이 말씀을 하셨다고 생각한다. 그러나 토마가 우리 신앙의 상징이라면 우리는 예수의 말씀을 다르게 이해해야 한다. 신앙에는 늘 양면성이 있다. 즉, 우리도 토마처럼 부활하신 주님을 보고, 체험하고, 만질 수 있는가 하면, 보면서도 보지 못하는 경우가 있다. 삶에는 우리가 아무것도 보지도, 체험하지도 못하는 시점이 있다. 우리는 체험을 통해 신앙에 깊이를 더하기 원하며 또 그리하도록 허락받았다. 그러나 우리의 신앙이 체험에 얽매여서는 안된다. 체험은 강요될 수 없다. 우리 신앙의 여정은 종종 광야와 공허와 어둠을 뚫고 지나가는데, 여기서는 정말 아무것도 보이지 않는다.

예수께서는 이제, 보지 않고도 믿는 사람은 행복하다 하신다. 이는 분명 더 높은 형태의 신앙일 터, 예수께서는 우리를 그리로 인도하시려는 것이다. 신앙은 체험을 넘어선다. 체험 없는 신앙도 얼마든지 있다. 그러나 체험이 없을 때라도 신앙은, 보이지도 않고 알 수도 없는 하느님을 꽉 붙들고 있다. 많은 신앙인들이 체험 없는 신앙생활을 한다. 그들은 어두운 동공洞空 속에 갇혀 어둠을 비추는 빛을 보지 못한다. 자신들의 상처에 괴로워하고 변화와 치유를 느끼지 못한다. 그래도 그들은 하느님의 손 안에 있음을 믿는다. 우리 21세기 사람들이 당시 제자들처럼 예수를 볼 수 없다는 사실이 문제가 아니다. 더 근본적인 문제는, 성서가 언약하는 바를 우리가 보지 못하고, 치유와, 공포로부터의 해방과, 위로와 위로자를 체험하지 못하고, 터널 끝에 서서 아무 빛도 보지 못하는 시대가 존재한다는 사실이다. 이런 어두움 속에서, 그래도 믿는 사람은 행복하단다. 예수께서는 불가능한 것을 행복하다고 여기지는 않으신다. 그분은 분명히 이러한 체험까지도 알고 계셨으리라. 모든 것이 끝장난 듯 보이던 그때, 십자가상에서의 단말마적 고통 속에서도 그분은 하느님을 믿었고 하느님께 매달렸다.

가스실의 유대인들은 온갖 공포와 하느님께 대한 회의에도 불구하고 하느님께 매달리며 호소했다. 우리가 하느님 가까이서 아무것도 보지 못하고, 우리와 함께하면서 희망을 주는 사람이 주위에 아무도 없음에도 불구하고 믿을 수 있다면, 이것은 은총이다. 적대적인 사건에도 쉽사리 사라지지 않는 신앙이 우리 마음 깊은 속에 자리한다는 것은 곧 은총의 선물이다. 예수께서는 보지 않고도 믿는 것이 행복이라 하셨다. 요한 복음서의 이 말씀은 산상수훈에 나오는 여덟 가지 행복의 정점을 이루는 아홉째 행복이다.

⚜

부활 제4주간

오늘 이 행복을 추구하십시오! 보지 않고도 믿는 토마가 그대를 신앙으로 인도하게 하십시오. 요란한 공격성이 그대에게 엄습하여 제대로 볼 수 없을 때라도 그대 곁에 있는 사람의 선한 본성을 믿어 보십시오. 이 순간 느끼지 못한다 해도 하느님의 좋으신 손 안에 그대 있음을 그대는 믿고 싶어합니다. 그 의미가 무엇인지 이해할 수는 없지만, 그대의 질병이나 이웃의 오랜 병고에도 어떤 의미가 있음을 그대는 믿고 싶어합니다. 오늘, 보이는 것에서 보이지 않는 것을, 상처에서 사랑을, 질병에서 치유를, 그대가 만나는 모든 것에서 드러나는 부활하신 주님의 사랑을 바라보도록 해 보십시오. 그러면 토마처럼 그대가 조심스레 만지는 모든 것에서 그대를 사랑으로 어루만지고 싶어하시는 분을 만지게 될 것입니다.

■ 토요일
해방시키는 기도의 힘(사도 12,6-17)

사도행전에서 루가는, 보지 않고도 믿는 신앙이란 어떤 모습인지, 우리가 어떻게 전혀 예상치 못한 바로 그곳에서 부활을 체험할 수 있는지에 대해 이야기한다. 헤로데는 야고보를 처형했다. 유대인들이 좋아하는 것을 보고 그는 베드로도 잡아들이게 했다. 베드로에게 희망이 있어 보이지 않았다. "교회는 그를 위해 줄곧 하느님께 기도하고 있었다"(사도 12,5). 베드로가 풀려날 것이라는 말이 없었어도 그들은 믿었다. 헤로데는 잔인한 통치자였다. 야고보를 죽임으로써 그는 백성들의 호감을 샀다. 그래서 같은 방식으로 베드로도 죽이려 했다. 그러나 보지 않고도 믿은 교회가 옳았음이 드러났다.

"헤로데가 그를 끌어내려던 바로 전날 밤, 베드로는 두 줄 쇠사슬에 묶인 채 두 군인 사이에서 잠을 자고 있었고 옥문 앞에는 간수들이 지키고 있었다. 그런데 갑자기 주님의 천사가 다가서며 감방에 빛이 비쳤다. 천사가 베드로의 옆구리를 찌르며 빨리 일어나라고 했다. 그러자 그의 손에서 쇠사슬이 떨어져 나갔다"(사도 12,6-7). 천사가 베드로를 감옥 밖으로 인도했다. "베드로는 나가면서도 천사로 말미암아 일어나는 일이 실제임을 알지 못하고 현시를 보는 줄로 여겼다"(사도 12,9). 어느 골목을 지나 천사가 사라져 버렸을 때에야 비로소 베드로는 정신을 차리고 "이제야 정말 알겠구나. 주님이 천사를 보내시어, 헤로데의 손과 유대 백성의 온갖 흉계에서 나를 구해 주셨구나"(사도 12,11) 하고 말했다. 많은 신도들이 모여 있는 집을 알았기에 그 집으로 가서 대문을 두드리자 하녀가 그의 목소리를 알아들었다.

그러나 다른 이들은 하녀의 말을 믿지 않았다. 그들은 모두 그 하녀에게 "너 미쳤구나!"(사도 12,15) 했다. 다들 베드로가 풀려나기를 기도했음에도 불구하고 막상 풀려났을 때는 믿지 않았다. 어떻게 주님의 천사가 자기를 감옥에서 끌어내셨는지 베드로가 이야기하고서야 그들이 믿었다.

베드로의 상황은 절망적이다. 두 군인 사이에서 속절없이 두 줄 쇠사슬에 묶여 있다. 그러나 불가능을 가능하게 할 수 있는 분이 하느님이다. 루가가 신도들에게 이 이야기를 하는 것은 박해 가운데서도, 절망의 감옥 속에서도 부활이 가능하다는 용기를 북돋우기 위해서이다. 복음사가는 오늘 우리에게도 모든 것이 가망없어 보일 때 믿을 용기를 준다. 빛 없는 감옥에서도, 두려움에 심히 사로잡혀 있을 때도, 질곡과 종속에서 벗어날 가망이 없어 보일 때도, 하느님께서는 우리를 해방시키려 당신의 천사를 모든 상황 속에 보내신다. 우리는 절대로 희망을 버리면 안 된다. 우리 자신이나 형제자매에게서 부활을 체험해본 적이 없어도 우리는 부활을 믿어야 한다. 그래도 부활은 가능하다. 하느님이 천사를 보내시면 속박은 저절로 풀린다. 군인들도 힘을 잃으면 위협적인 존재가 아니다. 마음놓고 그들 사이를 지나다녀도 괜찮다.

_____ **토마의 학원에서** _____

⚜

주님의 천사는 오늘도 그대의 감옥으로 들어옵니다. 그대가 붙들려 포박당하고 억압받으며, 경비병들에게 둘러싸여 있다고 느낄 때, 그대가 초자아의 목소리에 압도되어 자신을 잃게 될 때, 천사가 그대를 흔들어 깨울 것입니다. 천사가 베드로에게 "빨리 일어나라! 허리띠를 매고 나를 따르라!" 한 말을 소리내어 따라해 보십시오. 그대를 자유로 인도하려는 천사를 신뢰하십시오. 하느님께서 그대를 천사로 삼아 다른 이들의 감옥으로 보내고 싶어하시니, 마음을 여십시오. 형제 자매를 흔들어 깨워 그들이 일어나 자유의 길로 가도록 용기를 주십시오. 문이 열리고 헤로데의 권세가 무너질 것입니다. 루가는 헤로데가 벌레에게 먹혀 죽었다고 했습니다. 우리를 흔들어 깨워 자유로 인도하는 천사를 따르면 초자아의 거센 목소리는 사라질 것입니다. 그것들은 소멸됩니다. 우리는 자유롭게 우리에게 주어진 길, 부활의 길을 갈 것입니다.

부활하신 주님과의 아침식사
부활 제5주간

■ 주일
헛수고한 밤(요한 21,1-5)

티베리아 호숫가에 나타나신 예수 이야기는 우리 삶에서도 일어나는 부활사화다. 제자들은 일상으로 돌아갔다. 그들은 일곱이었다. 7은 변화의 숫자다. 7은 지상과 천상의 결합, 하늘과 땅의 만남을 뜻한다. 일곱 제자들이 함께 있었던 것은 우연일지도 모른다. 그러나 부활하신 주님과의 만남을 통해 그들은 거룩한 공동체가 되었고 예수께서는 친히 그 공동체의 신비스런 중심이 되셨다. 그들 위로 하늘이 열리는 듯, 돌연 공동체가 형성된 것은 그때였다.

모여 있긴 했지만 처음에는 헛일이었다. 무슨 일을 해도 다 헛일이라 괴롭다. 이것은 오늘날 많은 이들을 괴롭히는 체험이다. 전부 헛일이고 쓰잘 데 없는 짓 같다. 좌절하고 실망한다. 아무 의미가 없다. 무엇 때문에 더 애써야 한단 말인가? 해보았자 거기서 별 뾰족한 수도 없을 텐데 … 무엇 때문에 자신에게 진력해야 한단 말인가? 우리는 늘 같은 실수를 반복한다. 허무감은 삶의 에너지를 좀먹고 우리를 병들게 한다. 성서는 여러 곳에서 헛됨에 대한 체험을 말하고 있다. 욥은 만사가 헛됨을 경험하고 자신이 헛되이 애쓴다고 한탄했다(욥기 9,29). 친구들의 위로도 공허했다. 아무것도 그를 위로하지 못했다(욥기 21,34). 시편 73장을 노래한 사람은 마음을 깨끗이 해봐야 아무 소용없음을 경험했다(시편 73,13). 하느님의 뜻을 위해 몸부림쳤지만 허망했다. 더 잘 나가는 악인들도 많은데, 왜 시편 작가는 날마다 그 고생을 해야 하는가? 모든 것이 헛되다. 위대한 말씀, 영광스런 업적들이 모두 별 볼일 없이 사위어간다. "걸어다니지만, 실상은 그림자, 한낱 입김에 지나지 않는 것"(시편 39,6)이다.

으뜸제자 베드로를 따르던 제자들처럼 우리도 기꺼이 따르겠지만 우리 일이 헛일이면 무슨 소용이랴. 열정만으로 할 수 있는 일은 하나도 없다. 베드로가 고기를 잡으러 가겠다고 했을 때 제자들은 신이 나서 "우리도 같이 가겠소"(요한 21,3) 하고 나섰다. 그들은 삶에서 어떻게 '대박'이 터지는지 베드로가 보여줄 것이라 기대했다. 오늘날 많은 이들이 장차 일어날 일을 환히 꿰뚫는다는 자칭 "구루"에게 혹한다. 그 광채에 매료되어 이제부터 모든 것이 더 나아질 것이라는 희망으로 그의 배에 동승하지만, 그들은 제자들처럼 모든 것이 헛수고임을 경험할 뿐이다. "그 날 밤에는 아무것도 잡지 못했다"(요한 21.3). 모든 것이 헛되다. 캄캄한 밤이다. 아무것도 보이지 않는다. 어둡고 무의미하다. 배는 그들을 점점 더 깊은 밤으로 몰고 갔다.

 헛수고와 절망의 잿빛 아침에 예수께서 나타나신다. "어느덧 새벽이 되었는데 예수께서 물가에 서 계셨다"(요한 21.4). 간밤의 헛수고에 괴로운 자는 아침을 애타게 기다린다. 하기야, 어찌 아침이라고 다 위안일 수 있으랴. 하루를 사는 것이 무의미하여 차라리 일어나고 싶지 않은 절망의 잿빛 아침도 있지 않은가. 그래도 호숫가에 예수께서 서 계시다. 제자들은 아직 호수 위 배 안에 있다. 무의식과 악몽의 세계에 머물러 있다. 예수께서 다른 세계에서 그들의 삶으로 들어오신다. 제자들은 그분을 알아보지 못했다. 그들과 관계를 터신 분은 예수였다. 그분은 "얘들아, 뭘 좀 잡았느냐?" 하고 물으신다. 예수께서는 그들을 "아이들"이라 하셨다. 그들은 아직 아둔하다. 노련한 어부들이긴 하지만 삶에서 중요한 것이 무엇인지 모르고 있다. 그래서 주님이 그들에게 길을 가리켜 주시고 주님의 '학교'로 데려가신다. 그들의 수고는 정말 헛되다. 아무것도 아닌 것에 애쓴다. 삶이 진실로 성공적이려면 애당초 다른 길을 택했어야지. 자신이 아이임을 인정할 때, 본질 앞에서는 어떤 능력도 쓸 데 없다는 것을 인정할 때, 비로소 그들은 새 길을 배울 수 있을 것이다.

_____부활하신 주님과의 아침식사_____

✣

그대는 살면서 언제 헛되다는 경험을 하게 됩니까? 언제 모든 것이 부질없고 헛되다 느끼십니까? 자녀들을 위해 부질없는 수고를 너무 많이 하셨는지도 모르겠군요. 그 아이들은 생판 딴 길로 갑니다. 그 길이 그대에게는 어긋진 길처럼 보이겠지요. 그대 하는 일이 허사일지도 모르겠습니다. 성공은 막막합니다. 그대는 다른 사람이 되려고 노력해 보지만 그것도 헛일입니다. 늘 제자리걸음입니다. 만사가 헛될 때는 "얘들아, 먹을 것이 없느냐" 하신 예수의 말씀에 기대십시오. 정말 먹을 것이 하나도 없습니까? 잿빛 아침, 호숫가의 예수께서는 그대 삶이 헛되지 않도록 그대에게 말 건네십니다. 오늘 그대 삶은 이루어질 것이며 허망하지 않고 온전할 것이라고.

■ 월요일
　저분이 주님이시다!(요한 21,6 이하).

예수께서 절망한 제자들에게 말씀하셨다. "그물을 배 오른편에 던지시오. 그러면 잡힐 것입니다"(요한 21,6). 많은 종교가 오른편을 더 좋고 복된 편으로 여겼다. 고대에는 무기를 드는 손이 오른손이라, 오른편은 힘과 성공의 표상이었다. 심리학에서는 왼편을 무의식 영역과, 오른편을 의식 영역과 연결짓는다. 분명 예수께서는 저 노련한 어부들에게 더 많은 고기를 잡을 수 있는 기술 따위는 가르치지 않으셨을 것이다. 예수께서는 오히려, 삶을 참으로 성취하는 법을 가르쳐 주셨다. 제자들아, 자기 체험만 믿지 마라. 호숫가에서 그들을 향해 오시는 분, 다른 세계에서 그들에게 하시는 주님의 말씀을 들어라. 그들 마음에 잔잔한 미동으로 울려퍼지는 예수의 음성은 어떤 소문난 방법보다 더 확실한 길을 일러준다. 내면의 소리를 듣는 사람은 무의식의 밤을 헤치고 호숫가로부터 울려퍼지는 예수의 음성을 듣는 셈이다. 우리는 종종 욕망에 눈 어두워 참삶에 이르는 길을 알지 못한다.

제자들아, 뭔가를 하되 깨인 의식으로 하라. 자기가 무엇을 하는지 의식하라. 의식적으로 행한다 함은 주의깊게, 지금 하는 일에 몰입한다는 뜻이다. 어떻게든 돈을 많이 벌어야지, 가급적 빨리 해치워 버려야지, 남들보다 앞서야지 하는 사념이 없이 그냥 행위 자체를 즐긴다면 그 열매 또한 풍성하리라. 무의식적으로 행한다는 것은 늘 해 오던 일을 그냥 그렇게 계속하는 것이다. 의식적인 행동에는 결단이 필요하다. 내가 무엇을 할 것인지 내가 결단한다. 그리고 그 책임을 내가 진다. 나는 일에 임하는 내 기분까지 책임져야 한다. 내 체념과 좌절의 책임을 타인이나 외부 상황에게 물을 수는 없다. 나는 내가 무엇을 하는지 의식하면서 해야 한다.

고기잡이에는 이력이 난 제자들도 예수께서 이르시는 대로 그물을 던졌다. 그러자 그물을 끌어올릴 수 없을 만큼 많은 고기가 잡혔다. "예수께서 사랑하시던 제자가 베드로에게 말했다. '주님이시오!'"(요한 21.7). 예수의 말씀대로 하여 고기잡이가 큰 수확을 거두자 애제자는 호숫가에 서서 말씀하신 분이 바로 주님이신 줄을 알게 되었다. 그렇다면 우리는 삶이 성공적일 때만 부활을 체험하는가? 실패자들은 부활을 체험할 수 없단 말인가? 요한은 부활사화를 통해 허무에 아파하고 어둔 밤을 헤매는 바로 그들에게 용기를 주려 했다. 그들도 부활할 수 있다. 언젠가는 저들의 그물도 차고 넘칠 것이다. 애제자가 그랬듯이 그때는 그들도 "저분은 주님이십니다"라고 고백할 것이다.

삶이 성공해야만 이런 고백을 할 수 있는 것은 아니다. 내게 부활이란, 책상 앞에 앉아 있어도 일이 빚어내는 문제들을 어떻게 풀어야 할지 도무지 모르겠을 때, 뾰족한 묘책도 없는 회의會議를 질질 끌고 있을 때, "저분이 주님이시다"라고 혼자 중얼거리는 것이다. 내가 이 말씀을 삶의 모든 상황에 구체적으로 적용시킬 때, 나의 잿빛 아침은 달라진다. 매사를 뒤덮던 헛됨의 베일이 걷힌다. 이것이 바로 나의 부활이다. 나 있는 곳에, 나의 수고가 자주 헛일이 되어 버리는 바로 그 자리에 부활하신 주님이 계시다. 이것을 믿을 때 내 마음이 넓어진다. 실패하고 헛수고할 때도 부활이 가능하다는 것을 나는 안다.

✣

오늘 무슨 일을 하든 누구를 만나든 "저분이 주님이시다"라고 속으로 말해 보십시오. 산보할 때도 "저분이 주님이시다"라고 해 보십시오. 일할 때도, 동료들과 껄끄러울 때도 늘 이 말을 잊지 마십시오. 그대 암담한 잿빛 삶이 변할 것입니다. 이 변화를 위해 다른 세상에서 그대 삶으로 들어오시는, 그대 삶의 호숫가에 서 계시는 주님을 알아볼 것입니다. 그대는 삶을 다른 눈으로 보게 될 것이며 부활하신 주님의 현존을 도처에서 감지할 것입니다. 하여, 그대의 분열과 절망, 허무와 좌절이 치유될 것입니다.

■ 화요일
  우리 삶의 변화 (요한 21,7-11)

베드로는 예수께서 사랑하시던 제자의 말을 듣자 알몸에 겉옷을 걸치면서 호수로 뛰어들었다. 옷을 걸치고 물 속에 뛰어들다니, 왠지 앞뒤가 안 맞는 것 같다. 옷이 함빡 젖은 채 예수님 앞에 나타나겠지. 베드로는 그분이 예수님이시라는 소리를 듣고 너무 감격해서 일착으로 맞으려고 후딱 물에 뛰어들었음이 분명하다. 주석가들에 따르면 남들 앞에 나설 때는 옷을 입는 것이 근동 사람들의 예의라 한다. 그렇다면 여기에는 어떤 상징적인 의미가 있지 않을까? 겉옷은 우리에게 주어진 역할, 혹은 우리가 쓰는 가면을 상징한다. 물은 무의식의 상징이다. 우리가 부활하신 주님 앞에 나서려면 먼저 겉옷을 무의식의 물에 담그고 우리의 가면과 역할을 부수어야 한다. 겉으로 드러난 안정감 속에서는 부활하신 주님을 만날 수 없다. 머리끝부터 발끝까지 젖어 노글노글해졌을 때, 만사가 삶의 물을 만났을 때 비로소 그분을 만날 수 있다.

다른 제자들이 작은 배로 그물을 끌고 나왔다. 뭍에 내려서 보니 숯불이 있고 그 위에 생선이 놓여 있었으며 불 옆에 빵도 있었다. 예수께서는 처음에 청하신 생선을 이미 가지고 계셨다. 예수께서 제자들에게 방금 잡은 생선을 가져오라 이르셨다. 모든 것이 논리적으로 맞지 않아 보인다. 그러나 요한에게 중요한 것은 논리가 아니라 신비다. 곧이어 언급되는 숫자가 그것을 말해 준다. 베드로가 그물을 뭍으로 끌어올리니 백쉰세 마리나 되는 큰 물고기가 가득 들어 있었다. 이 숫자가 주석가들의 골머리를 썩였다. 아우구스티누스의 설명은 이러하다. 1부터 17을 모두 합한 수가 153이다. 1은 완전을, 7은 변화를 뜻한다. 부활이란 우리 삶이 변화되고 완전해졌음을 의미한다.

나는 오래 전부터 에바그리우스 폰티쿠스(† 399)의 해석에 매력을 느껴왔다. 그는 『기도론』을 153개의 작은 장章으로 나누고 서언에서 이렇게 설명한다: "우리는 『기도론』을 153장으로 나누었다. 이제 여기에다 복음을 가미하여 그대에게 보내노니, 부디 그 안에서 삼각형과 육각형의 형태를 포함한 상징 수의 묘미를 발견할 수 있기를 …. 이 숫자는 한편으로는 삼위일체를, 다른 한편으로는 질서정연한 우주를 상징한다. 100은 정사각형이고, 53은 삼각형이면서 구형이기도 하다. 왜? 25와 28의 합이기 때문이다. 28은 삼각형이고, 25는 5에 5를 곱한 것이므로 구형이다. 따라서 이 합은 사추덕四樞德(현명·용기·절제·정의)을 상징하는 정사각형과, 그 생김새 때문에 시간의 순환을 표현하면서 세계에 대한 깊은 이해를 적절히 상징하는 구형으로 나타난다. … 한편, 숫자 28에 나타나는 삼각형은 삼위일체의 인식을 상징한다"(에바그리우스 86).

에바그리우스의 수 해석은 다소 복잡하다. 그러나 그것은 부활의 신비가 관상觀想을 통해 완성된다는 것을 보여준다. 관상을 통해 우리는 세상을 새로운 방법으로 이해한다. 만물 안에서 하느님을 본다. 이 수 상징에 따르면 부활이란 하느님과 세상이 한데 어우러져 지상 것들 안에서도 하느님을 체험하게 되는 것이다. 따라서 부활은 우리가 삼위일체 하느님과 하나 됨을 뜻한다. 우리가 부활하면 내면의 모든 대립이 하나 되고, 사각형과 원과 삼각형의 구분이 와해되어 버린다. 뾰족하고 각진 것들이 둥글어진다. 부활을 통해 우리는 대립을 넘어 자신을 넘어 하느님과의 일치로 고양된다. 우리 안에서 반목하는 모든 것들이 하느님 안에서 하나가 된다. 이처럼 에바그리우스에게 부활은 자기됨의 완성이다. 그때 우리는 하느님 안에서 참된 자기가 된다.

⚜

오늘 에바그리우스는 그대가 삶의 모든 대립을 지켜보기를 권합니다. 대립이 그대를 분열시키지 않고 부활하신 주님과의 만남을 통해 하나 될 것을 믿어라 권합니다. 그대 스스로 대립을 융화시켜야 할 필요는 없습니다. 그대의 분열을 종종 위협하는 내적 긴장을 스스로 해결해야 하는 것은 아닙니다. 그저 하느님 앞에 내보이기만 하면 됩니다. 스스로 평가하려 들지 말고 기도중에 하느님께 보여드리기만 하면 하느님께서는 그대도, 그대의 대립성도 오롯이 받아들이실 것입니다. 그것이 모순투성이의 그대에게 깊은 내적 평화를 줄 것이며, 치유되고 완성되고 온전해지리라는 예감을 선물할 것입니다. 에바그리우스에게는 이것이 부활 체험이었습니다.

■ 수요일
　우리 가운데 계시는 예수(요한 21,12-14)

예수께서는 매우 특별한 분위기에서 제자들과 아침을 드신다. "예수께서 그들에게 '와서들 드시오' 하고 말씀하셨다. 제자들 가운데 누구도 감히 '누구십니까?' 하고 캐묻지 않았다. 주님이심을 알았기 때문이다"(요한 21,12). 예수께서 친히 제자들을 식사에 초대하셨다. 그분은 말씀하셨으되 그것이 대화는 아니었다. "당신은 누구십니까?"라고 정작 제자들이 묻고 싶었다는 걸 요한의 짧은 표현에서도 느낄 수 있다. 그러나 아무도 묻지 않았다. 예수께 말 건네고 그분과 이야기 나눌 용기는 누구에게도 없었다. 그것은 외경과 놀람이기도 하고, 조용한 기쁨이기도 했다. 모두가 설명할 수 없는 신비를 느꼈다. 말이야 김빠진 지껄임일 뿐…. 돌연 제자들은 잿빛 아침이 변화되고, 사랑과 친밀의 기운이 생동함을 체험했다. 마음이 고동치고 신비로 가득차 흔들리는 것을 느꼈다.
　요한은 식사 장면을 짧게 묘사한다. "예수께서 다가와 빵을 집어 주셨다. 생선도 집어 주셨다"(요한 21,13). 여기서

_____부활하신 주님과의 아침식사_____

묘사되는 것이 바로 성찬례다. 이 장면에서 요한은 빵 다섯 개와 생선 두 마리의 기적을 묘사할 때와 동일한 어법을 구사한다(요한 6.11 참조). 여기서는 "에우카리스테사스" eucharistesas(감사 기도를 올리다)라는 말이 빠져 있다. 어떤 주석가들은 이 점이, 티베리아 호숫가에서의 아침 식사가 성찬례로 이해될 수 없는 증거라고 한다. 그러나 이 말이 빠진 것이 내게는 남다른 의미를 준다. 빵과 생선의 기적은 성찬례의 약속이었다. 그 기적이 있은 후 예수께서는 하늘의 빵에 관해 말씀하셨으니, 이로써 제자들에게 성찬례의 신비를 설명하신 것이었다. 이제 부활하신 그분께서는 친히 제자들과 성찬례를 거행하신다. "감사의 기도를 올리다"라는 말 대신 여기서는 "에르케타이"erchetai(오다, 가까이 다가오다)가 사용되고 있다. 성찬례란 부활하신 주님이 우리 가운데 들어오시는 것이다. 함께 식사하시려고 호숫가 저편에서 우리에게 오시는 것이다. 하늘과 땅이 어우러진다. 밤새도록 헛일하고 배에서 내린 제자들은, 암담한 삶에서 겨우 빠져나오는 우리 자신을 상징한다. 그 어둔 밤에 우리는 정처없이 바다를 떠돌며 얼마나 험한 파도와 물살에 휩쓸려 다녀야 했던가. 그러나 예수께서 오시어 우리와 함께 식사하신다. 삶이 변화되고 우리에게도 부활이 이루어진다.

예수께서 제자들에게 빵과 물고기를 주신다. 이는 예수께서 성찬례 때 말씀하신 하늘의 빵이다. "나는 하늘에서 내려온 살아 있는 빵입니다. 이 빵을 먹으면 영원히 살 것입니다"(요한 6,51). 물고기는 불사·불멸의 표상이다. 초대교회에서 물고기는 그리스도의 상징이었는데, 그것은 ICHTYS가 '예수 그리스도 하느님의 아들이자 메시아'의 약자라는 이유 때문만은 아니었다. 그리스도 자신이 물고기의 상으로 표현되셨기 때문이다. 고대에는 물고기가 죽은 이의 음식이었고 생명과 행복의 상징이었다. 아우구스티누스에게도 구운 물고기는 우리를 위해 수난하신 그리스도의 상징이었다. "구운 물고기는 수난하신 그리스도다"piscis assus Christus est passus. 초대 교회에서 물고기는 성찬례의 상징으로 널리 유포되었다. 성찬례란 우리를 위해 죽으시고 부활하신 그리스도께서 영원한 생명의 음식을 주시는 것이다. 그분은 성찬례를 통해 우리의 덧없는 본성에 불멸의 신성한 씨를 뿌리고 당신의 영원한 신성에 우리를 참여케 하신다.

티베리아 호숫가의 아침 식사를 통해 우리의 성찬례를 바라보자. 예수께서는 성찬례 때마다 호숫가 저편에서 우리 가운데로 오신다. 그분이 우리 삶의 암울한 허무를 친밀과 사랑의 기운으로 바꾸어 놓으신다. 부활하신 주님 친히 모든 성찬례 때마다 우리에게 오신다. 그분이 우리를 초대하신다. "이리 와서 먹으렴!" 우리는 처절한 허기를 달래려 하늘의 빵을 먹으니, 이는 생명의 빵, 우리 모두 그토록 갈망하는 생명력으로 우리를 충만케 하는 생명의 빵이다. 그리고 우리는 그분의 피에서 우리를 영원케 하는 불멸의 생명수를 마신다. 그분이 물고기의 상징으로 나타나신 뜻이 바로 이것이다.

⚜

성찬례에 참여할 때는 티베리아 호숫가 아침 식사의 친밀하고 사랑스런 분위기를 그려 보십시오. 부활하신 주님이 영원의 호숫가에서 이 각양각색의 공동체로 들어오시어 실망과 슬픔에 찬 얼굴들을 사랑스레 바라보심을, 그리고 그들 모두에게 생명의 빵과 사랑의 포도주를 건네심을 떠올려 보십시오. 이 모두가 참생명, 하느님의 생명으로 이르는 밝음과 위로와 일어남이, 부활이 그들에게도 이루어질 수 있게 하기 위함입니다.

■ 목요일
　우리의 사랑을 물으심(요한 21,15-17)

그리스인들은 사랑을 세 가지 말로 표현했다: 에로스Eros, 필리아Philia, 아가페Agape. 에로스는 욕정적인 사랑, 필리아는 친구 사랑, 아가페는 사람에게도 하느님에게도 통하는 순수한 사랑이다. 사랑의 이 세 형태는 서로 연관되어 있다. 어떤 주석가들은 아가페가 에로스보다 훨씬 높은 차원에 있다고 한다. 그렇다면 신적인 사랑은 핏기도 없는 사랑이란 말인가. 사랑이 삶을 변화시키려면 신적인 사랑은 에로스적 열정을 흠뻑 머금어야 한다. 필리아에도 에로스와 아가페가 함께 필요하다. 그래야 친구도 온전히 받아들이고 사랑할 수 있다. 사람은 누구나 사랑받고 사랑하기 원하지만 이 소망은 자주 빗나간다. 경험컨대, 사랑은 우리를 얼마나 혹하게 하며 얼마나 쉽게 방어기제防禦機制의 장벽을 허물어 버리는가. 그러나 사랑은 소유욕이나 권력욕, 갖은 두려움 따위와 뒤섞이며 또 얼마나 쉽게 깨져 버리는가. 요한 복음은 스스로 소외되고 사랑할 수 없게 된 사람들을 예수께서 어떻게 다시 사랑할 수 있게 하시는지 보여준다. 그래서 요한은 부활의 세 가지 만남 이야기를 사랑에 대한 질문으로 마무리한다.

 예수께서 베드로에게 세 번이나 거듭 물으신 뜻은, 그가 교회를 이끌어 가야 할 사람이라서 남다른 사랑으로 무장되어야 한다는 데 있는 것만은 아니다. 더 큰 뜻은 오히려, 우리가 어떻게 참되고 순수한 사랑을 배울 수 있느냐 하는 데 있다. 예수께서는 베드로에게 세 번이나 물으신다. 그것은 세 번의 배반을 암시한다. 사랑을 말할 때는 늘 분명히 알고 말하라. 우리가 자주 사랑을 배반했으며,

사랑을 갈망하면서도 몇 번이고 그 갈망에 등 돌렸음을. 가슴에 안기지 않고서야 어떻게 하느님과 사람을 사랑한다고 말할 수 있으랴. 사랑을 말할 때에는 겸손과 조심성이 필요하다. 너무 떠벌이지 말고, 정말 진실되게 사랑하려는 우리의 노력을 아주 조심스럽게 말할 일이다.

그리스어 텍스트에서, 앞의 두 번은 예수께서 베드로의 아가페 사랑에 대해 물으신 것이다. 그가 에고Ego를, 남을 소유하려는 의도를 떨쳐버리고 예수를 사랑하는지 물으신 것이다. 베드로는 두 번 다 "예, 주님, 제가 주님을 사랑하는(philo se) 줄을 주님이 아십니다"라고 대답한다. 그는 예수를 정 많고, 자기를 좋아하고, 기뻐하는 친구로 사랑한다는 것을 확언할 수 있었다. 그는 대답한다. "주님, 아시잖아요. 내가 당신을 사랑하는 줄 당신이 느끼시잖아요. 내가 상상만으로 이럽니까? 내 의리는 참되고 우리 우정은 진짭니다. 나는 당신에게서도 똑같은 감정을 느낍니다." 세번째 질문에서 예수께서는 "필레이스 메phileis me — 너는 나를 친구로서 사랑하느냐?"고 말을 바꾸신다. 베드로는 문득 슬퍼졌다. 자신의 배반이 생각나서였을까?

예수께서 그의 우정을 새삼 문제삼는 것이 섭섭했을 수도 있겠다. 베드로에게 그것은 자명한 일이었다. 그가 완전히 자신을 버리고(아가페) 예수를 사랑했다고는 감히 주장할 수 없었다. 그러나 사랑과 우정의 감정만큼은 결코 의심해본 적이 없었다. 그런데 예수께서는 그 감정에조차 의문을 제기하시다니 …. 자신의 감정이 정말 옳은 것이었는지 더 꼼꼼히 살필 일이었다. 그 안에 다른 동기들이 얼마나 깊이 섞여들어 있었던가? 예수의 친구라는 사실을 대단한 일로 여기지는 않았던가? 이 멋진 친구를 자신과 자기 가치의식을 위해 이용하지는 않았던가? 친구로 인해 기뻐하고, 그가 있는 그대로의 그일 수 있게 하는 참된 우정이었던가? 아니면 베드로는 자기가 예수의 으뜸가는 친구라고 '폼 잡기' 위해 다른 제자들을 '물먹일' 작정이었던가? 베드로는 이렇게 대답한다. "주님, 제가 주님을 사랑한다는 줄을 주님이 아십니다"(요한 21,17). 베드로는 예수께 마음을 열고 속내를 들여다보게 했다. 그는 이렇게 말하고 싶었다. "주님, 제 마음을 꿰뚫어보시지요. 당신은 내 사랑 안에 얼마나 많은 이기주의와, 계산과, 소유욕과 질투가 득실거리는지 아십니다. 그래도 당신은 내 사랑에 아주 순수한 면이 조금은 있다는 것도 아십니다. 마음 깊이 당신을 그리며, 당신을 순수하게 사랑하고 싶어함을, 내 안에 적어도 이런 순수한 사랑에 대한 갈망이 있음을, 당신은 알고 계십니다."

⚜

연인과 동료들, 배우자와 아이들, 그리고 하느님과 그리스도에 대한 그대의 사랑을 바라보십시오. 그대 마음을 하느님께 내어드려 그분께서 들여다보고 시험하도록 하십시오. 베드로를 세 번이나 불안케 했던 예수의 질문을 그대에게도 던져 보십시오. 그대 사랑의 계산적이고 순수하지 못한 것일랑 모두 하느님 앞에 내보이십시오. 그러나 그대 안에 순수한 사랑도 있고, 진실로 사람들을 있는 그대로 사랑하고 싶어하며, 하느님을 온 마음으로 사랑하려는 깊은 갈망이 그대 안에 있음을 신뢰하십시오. 하느님께 대한 사랑을 자주 느끼지 못할지라도, 순수한 사랑에서 멀어진 것처럼 보일지라도, 그대 안에는 적어도, 삶을 참으로 가치있게 만드는 이 사랑에 대한 예감과 진정한 갈망이 있습니다. 그대의 갈망을 신뢰하십시오! 그대의 사랑을 믿으십시오! 그러면 오늘 부활을 체험하게 될 것입니다.

■ 금요일
그것이 그대와 무슨 상관이 있습니까?(요한 21,18-23)

사랑에 대한 세 번의 질문에 이어, 요한이 전하는 베드로와 예수의 대화는 묘한 데가 있다. 예수께서는 베드로가 당신을 사랑한다고 해도 칭찬하지 않으시고 당신과 같은 운명을 짊어지기를 기대하신다. 베드로가 당신께 대한 사랑 때문에 죽음의 길을 가게 될 것이며, 어디로 인도하실지 모르는 하느님의 손에 자신을 내맡길 준비가 되어 있다고 믿으신 것이다. 베드로는 분명 사랑하는 스승이 십자가에 못박혀 죽으신 것처럼 그를 위해 죽을 각오가 되어 있었다. "나를 따르시오"(요한 21.19)라는 권유는 베드로가 따라 순교하기를 요구하고 있다. 베드로는 그의 잔인한 죽음을 받아들인다. 하지만 그는 예수의 사랑받던 제자가 예수를 따르는 것을 보자 그가 장차 어떻게 될 것인지 알고 싶어졌다. 예수께서는 이 질문을 냉정하게 물리치셨다. "내가 올 때까지 그가 남아 있기를 내가 원한들 그대와 무슨 상관이 있습니까?"(요한 21.22). 각자의 길은 비밀이다. 남의 운명에 베드로가 무슨 상관이랴. 모두가 따른다는 이유로 예수를 따르지는 마라. 그저 그분을 사랑해서 따르면 될 일이다. 사랑은 비교하지 않는 것, 사랑은 남의 태도를 평가하지 않는 것. 그저 사랑하기 때문에 사랑할 뿐.

부활이란 우리가 가고 싶은 데로 자유롭게 곧장 갈 수 있는 것이 아니다. 하느님께서 우리에게 허리띠를 매어 주시고는 우리가 원하지 않는 데로 우리를 데려가시게 할 각오가 되어 있을 때, 비로소 부활은 입증된다. 부활 신앙은 아등바등 삶에 집착하거나 이 길은 꼭 가야 할 길이라고 집하지 않도록 해준다. 베드로가 부활하신 주님께 고백한 사랑은 그분이 어디로 가시든지 따르는 사랑이다. 살든 죽든, 기쁘든 아프든, 자유롭든 묶여 있든, 사랑하는 이와 늘 함께 있는 것만이 중요할 뿐이다. 베드로는 이런 사랑을 배워야 한다. 그가 예수의 사랑받던 제자 요한과 자신을 비교한 것이 내게는 충분히 이해가 된다. 많은 형제 수사들이 수도회를 떠나던 70년대 초, 내가 (수도회를) 안 떠나고 있는 것이 다만 다른 형제들이 아직 안 떠나고 있기 때문인 거냐고 자문해 보았다. 우리는 기꺼이 예수를 따르고 싶다. 그러나 여기에 조건을 달려고 한다. 사랑하는 이들이 같은 길을 갈 때만 우리는 예수를 따를 각오가 되어 있다. 형제들이 매일 묵상한다는 이유만으로 나는 내적 길을 가고 있다. 친구가 시민운동에 가담하고 있기 때문에 많은 것이 못마땅하고 화가 나지만 나도 참여한다. 나 혼자라면 벌써 그만두었을 것이다. 남들도 그러는지 눈치보지 말고 각자의 길을 가기를, 예수께서는 베드로에게뿐 아니라 우리 모두에게 요구하신다. 사랑은 오직 사랑하는 이만 볼 뿐, 나를 남과 비교하지 않는다.

⚜

"그것이 그대와 무슨 상관이 있습니까?" 하신 예수의 말씀에 따라 오늘 하루를 사십시오. 언제 그대를 남들과 비교하는지, 언제 그대가 남들보다 못하거나 낫다고 느끼는지 자세히 들여다보십시오. 얼마나 자주 그대는 남들에 대해 생각하고 그들의 운명을 저울질하십니까? "그것이 그대와 무슨 상관이 있습니까?" 생각을 그대에게로 돌리고 그대의 길을 가십시오. 예수의 이 말씀은 그대에게 삶의 신비를 깨닫게 하는 화두가 될 것입니다. 그대를 남과 비교하지 않는다면 그대는 자신과 하나가 될 것이며 그대가 가고 있는 길에 동의할 것입니다. 그제서야 그대는 걸음걸음 조심스러이 내딛을 수 있게 됩니다. 그리고 걸음마다 그대를 삶과 사랑으로 인도할 것입니다. 그대는 그대가 가기 때문에 갑니다. 그대가 사랑하기 때문에 갑니다. 그대는 그대 자신만의 길을 갑니다. 그 길은 세상에서 그대 혼자만 표현할 수 있는 하느님의 모습으로 그대를 데려갑니다.

■ 토요일
넓은 마음(사도 10,9-48)

사도행전에서 루가는 예수 그리스도를 통해 계시된 사랑을 어떻게 베드로가 사람들에게 증거했는지 이야기한다. 이 부활사화는, 어떻게 베드로가 갑자기 유대의 율법 원리들을 내던지고 넓은 마음으로 이방인들에게 예수의 죽음과 부활의 복음을 선포했을까에 대한 것이다. 요한에 의하면 예수께서는 친히 베드로를 사도직의 으뜸으로 삼으셨다. 베드로가 교회를 이끌어 갈 수 있다면 그것은 예수를 사랑할 때뿐이다. 루가가 전하기를, 하느님께서는 베드로에게 천사를 보내 그가 어떻게 이 사랑을 구체적으로 실천해야 할지 현시를 통해 보여주셨다 한다. 베드로는 그 사랑을 만인에게 증거해야 한다. 누구에게도 부활 소식을 숨기지 말아야 하며, 예수를 믿는 이라면 누구에게도 세례를 거부하지 말아야 한다. 천사는 베드로에게 사랑을 요구하기만 한 것이 아니라 스스로 사랑할 능력을 지니게 했다. 꿈을 통해서 그의 마음이 열렸다. 꿈속에서 좁은 생각의 틀이 깨지고 새로운 생각들이 자리하게 되었다.

하느님께서 천사를 시켜 경건한 백부장 고르넬리오에게 이르시기를, 사람을 요빠로 보내 베드로라고도 하는 시몬을 데려오라 하셨다. 이튿날 정오쯤 베드로는 기도중에 현시를 보았다. 바라보니 하늘이 열리고 큰 보자기와 같은 그릇이 땅으로 내려앉는데, 그 속에는 온갖 네 발 가진 것들과 땅을 기어다니는 것들과 하늘의 새들이 있었다. 유대인은 이런 짐승의 고기를 먹으면 안 되는데, 그 때 "베드로야, 일어나 잡아먹어라"(사도 10.13) 하는 소리가 들렸다. 베드로가 거절하자, "하느님께서 깨끗하게 하신 것을 속되다고 하지 말아라"(사도 10.15)는 음성이 다시 들렸다. 베드로가 현시에 대해 곰곰이 생각하고 있을 때 요빠에서 온 사람들이 그를 찾았다. 함께 백부장 고르넬리오에게 간 베드로는, 기다리고 있던 백부장의 친척과 친구들 앞에서 로마인과 그리스인도 알아들을 수 있는 말로 그리스도의 복음을 선포했다. 그는 전형적인 그리스인의 언어와 사고방식으로 예수에 대해 이야기했다. "그분은 두루 다니며 좋은 일을 행하고 악마에게 짓눌린 이를 모두 고쳐 주셨습니다. 과연 하느님이 함께 계셨습니다"(사도 10,38). 예수께서는 선을 행하시고도 죽임을 당하셨다. "하느님은 그분을 사흘날에 일으켜 사람들 눈에 보이도록 나타나게 하셨습니다. 그분은 모든 백성에게 나타나신 것이 아니라 하느님께 미리 뽑힌 증인인 우리에게 나타나셨습니다"(사도 10,40-41). 베드로가 이 말을 하고 있을 때 거기 있던 모든 이에게 성령이 내렸다. 성령의 은혜가 이방인에게까지 쏟아지는 것은 유대인들에게 이해할 수 없는 기적이었다. "그 때 베드로가 '우리처럼 성령을 받은 이 사람들에게 어느 누가 세례받을 물을 거절할 수 있겠습니까?' 하고는 그들이 예수 그리스도의 이름으로 세례를 받도록 명했다"(사도 10,46-48).

루가에게 부활은, 편협한 율법적 사고에 매인 사람이 돌연 마음이 넓어져 하느님의 은총을 만인과 나눌 때 이루어진다. 베드로 혼자서는 좁은 유대적 신앙의 틀에서 결코 벗어날 수 없었을 것이다. 하느님 친히 현시와 천사를 통해 이런 너름새로 인도하셨다. 이같은 내면의 상, 꿈, 현시, 천사와의 만남을 통해 우리에게도 부활이 이루어진다.

_____부활하신 주님과의 아침식사_____

우리 안에 새로운 가능성과 행동 양식이 일깨워지고 마음도 넓어진다.

✢

그대를 내적으로 넓히고 새로운 태도를 취할 수 있게 해 준 꿈들이 있었습니까? 그대가 이제껏 외면하고 싶었던 사람에게 어느 순간 선뜻 다가갈 수 있었습니까? 지금까지 늘 피해 오기만 했던 과제를 일거에 떠안을 수 있었습니까? 살면서 언제 부활이 있었으며, 언제 편협한 율법적 사고에서 벗어날 수 있었는지, 심적 압박감을 떨쳐버린 때는 언제였고 걱정을 다룸에 두려움이 사라진 때는 언제였는지, 그리고 언제 옛 틀과 사고 구조를 버리게 되었는지 한번 생각해 보십시오. 하느님께서 매번 천사를 보내시어, 그대 마음이 넓어지고 그 열린 마음에서 그대가 접하는 모든 것에, 사람에나 그대 방의 물건에나, 정원의 초목에까지 사랑이 흐르게 하심을 믿으십시오. 숨을 들이마심으로써 그대 마음에 하느님의 사랑이 흐르게 할 수 있습니다. 그러는 가운데 어떻게 그대 마음이 넓어지고 어떻게 하느님의 사랑이 그대를 둘러싼 모든 것을 어루만지는지 그려 볼 수 있을 것입니다.

부활과 승천
부활 제6주간

■ 주일

작별과 위로(요한 14,18-20)

부활 제6주는 그리스도의 승천 대축일이다. 이 주간의 복음들은 예수의 이른바 '고별사'로 이루어져 있다. 예수께서는 죽으러 가실 때나, 전례에서 말하듯, 하늘로 올라가실 때나 제자들을 버려두지 않겠노라고 위로하신다. "나는 그대들을 고아들처럼 버려 두지 않을 것이며, 그대들에게로 돌아옵니다"(요한 14,18). 이제 아버지께 가시더라도 예수께서는 우리를 고아처럼 버려두지 않을 것이다. 제자들에게처럼 만지고, 보고, 들을 수 있게끔 우리 곁에 계시지는 않지만, 다른 방법으로 우리와 함께 계시다. 우리 안에, 우리와 함께 계시는 그분의 현존을 깨닫는 데는 신앙의 눈이 필요하다. "이제 조금만 있으면 세상은 나를 보지 못하겠지만 그대들은 나를 보게 될 것입니다. 내가 살아 있고 그대들도 살 것이기 때문입니다. 그 날 그대들은 내가 내 아버지 안에 있고 그대들이 내 안에 있으며 나도 그대들

부활과 승천

안에 있다는 것을 알게 될 것입니다"(요한 14.19-20). 세상은 눈멀어 부활하신 주님을 보지 못한다. 하지만 신앙인은 예수를 본다. 그분이 살아 계심으로 그분을 알아본다. 이것은 내게 하느님 체험의 중요한 기준이다. 내 사는 곳에서, 그리고 내면의 삶이 꽃피는 바로 거기서 나는 부활하신 주님을 보며 거기서 하느님을 체험한다. 마비를 풀고 일어나 공허를 뚫고 만개하는 생명력에서, 우리는 부활하신 주님을 알아본다.

우리 안에서도 삶이 죽음을 이길 때 우리는 그리스도가 아버지 안에, 우리가 그리스도 안에, 그리고 그리스도가 우리 안에 계심을 알게 된다. 이것이 작별에 즈음하여 그분이 우리에게 남기신 위로의 복음이다. 이제 그분은 우리 곁을 떠나지 않고 우리 안에 계시며 우리 또한 그분 안에 있다. 승천하심으로써 그리스도께서는 우리와 새로이 가까워지셨다. 겉으로는 보고 들을 수 없지만 그분 친히 우리 안에서 우리의 가장 내밀한 모습이 되셨다. 거기서 우리 마음이 조용히 움직여 그분의 음성이 남김없이 들린다. 우리 내면을 들여다보고 영혼의 근저에서 깊은 내적 평화를 느낄 때 그분이 보인다. 4세기의 위대한 수도승 에바그리우스 폰티쿠스는 그리스도께서 거하시는 우리 안의 내적 공간을 "평화의 전시장"이라 불렀다. 우리가 그리스도의 겉모습은 보지 못하지만 신앙의 눈은 그분을 평화, 우리 자신과의 조화, 하나됨으로 인식한다. 이것이 보이는 평화다. 그 평화는 누군가한테서 뻗치는 기운, 조화로운 행동, 얼굴의 빛나는 광채, 일치되는 언행에서 감지된다.

예수께서는 제자들의 엄청난 상심을 이해하시면서 그 슬픔이 기쁨으로 바뀔 것을 약속하셨다. 그분은 우리를, 해산을 앞두고 걱정하는 여자에 비유하셨다. "정작 아기를 낳으면 한 사람이 세상에 태어났다는 기쁨으로 진통을 잊어버리게 됩니다. 이처럼 그대들도 지금은 슬픔에 잠겨 있지만, 내가 다시 그대들을 보게 되면 그대들의 마음은 아무도 빼앗지 못할 기쁨으로 넘칠 것입니다"(요한 16,21-22). 예수께서 죽음과 승천을 통해 아버지께 가실 때 우리에게도 탄생이 이루어진다. 우리가 새 사람으로 태어난다. 이것을 어떻게 이해해야 할까? 세상 이목, 성공과 실패, 인정認定과 관심으로 규정되던 우리의 낡은 정체성일랑 벗어던지자. 이제부터는 그리스도께서 우리 안에 계시다는 사실이 우리의 본질을 규정한다. 아무도 앗아가지 못할 우리 안의 참기쁨은 그리스도를 통해 존재한다. 그리스도는 사랑일 뿐 아니라 기쁨이기도 하다(요한 15,10 이하 참조). 그분 안에서 우리는 의식하지 않아도 영혼의 근저에 뿌리내린 참사랑과 참기쁨을 자주 느낀다.

⚜

_____ 부활과 승천 _____

예수께서 제자들과 나눈 이별은 그대가 살면서 경험한 많은 이별들을 연상시킬 테지요. 그대는 유년기, 청년기, 성공 시대(가는 데마다 그대가 주인공이었고 한창 잘 나가던 그 왕성한 스테미너의 시절!)와 이별을 고해야 했습니다. 사랑하는 사람들과는 헤어지고, 살기 좋았던 곳은 떠나야 했습니다. 헤어질 때마다 아팠겠지만, 이별 속에는 새로운 뭔가에 대한 기회도 숨어 있는 법이지요.

 오늘은 무엇과 헤어져야 할지 생각해 보십시오! 무엇을 버리고 떠남으로써 그대 안에 새로운 삶을 꽃피우시렵니까? 산책할 때, 의식적으로 신세계에 입성하기 위해서는 사람, 장소, 습관, 상처, 실망을 어찌들 버려야 할지 한발짝씩 뗄 때마다 생각해 보십시오. 그대가 쉬이 이별할 수 있음은, 그대 혼자 걷는 것이 아니라 부활하신 주님이 그대와 함께 가시고 그대 안에 계심이 위안인 줄을 아는 까닭입니다.

■ 월요일
 네 마음 깊은 곳 위로 하늘이 열린다(루가 24,50 이하)

루가는 예수 승천을 짧지만 의미심장한 말로 그려냈다. "예수께서 그들을 베다니아 근처까지 데리고 나가서 손을 들어 축복해 주셨다. 축복하시면서 그들을 떠나 하늘로 이끌려 올라가셨다"(루가 24,50-51). 예수께서 승천하실 때 우리 위로 하늘이 열린다. 초대 그리스도인들은 기도할 때 하느님을 향해 손을 높이 들었다. 우리는 그 자세를 초기 그리스도교 예술에서 만날 수 있다. 손을 높이 든 채 기도해 보라. 내 삶 너머로 하늘이 열릴 것이다. 나의 뿌리는 땅 속 깊이 박혀 있으되 내 손은 하늘을 향하고 있다. 그러면 하늘은 내 두려움의 어둠, 무상하고 충동적인 내 삶의 밑바닥에까지 와 닿는다. 어찌 내 위에만 하늘이 열리랴. 내 소중한 사람들, 지금 내가 있는 이 고장, 온 땅 위의 하늘이 전부 열린다. 많은 사람들이 한 자리에서 손을 높이 들고 기도한다고 생각해 보라. 그들의 하늘이 짙은 구름으로 뒤덮인 사람들, 하느님도 별 볼일 없다는 사람들, 그럭저럭 잘 돌아간다고 땅만 쳐다볼 뿐 위로 눈 돌릴 줄 모르는 모든 사람들에게 족히 하늘이 열릴 것이다. 기도중에 우리 위로, 세상 너머로 하늘이 열린다. 나는 아토스 산에서 밤새 예수의 거룩한 변모 축일미사를 드리며 그것을 확연히 깨달았다. 어둠을 뚫고 창문 하나가 떠올랐는데 그 창 너머로 하늘이 보였다. 시편을 오래도록 노래해 보라. 온 세상이 다른 빛으로 보일 것이다. 꽉 막힌 세상이 하늘로 열리고, 기도하는 그곳에서 땅과 하늘이 어우러져 춤춘다.

  예수께서 말씀하셨다. "하늘에서 내려온 이, 곧 인자말고는 아무도 하늘로 올라간 적이 없습니다"(요한 3,13). 그리

부활과 승천

스도의 승천을 기린다는 것이 우리가 세상에서 하늘로 도피하고, 땅을 넘어 무조건 하늘로 돌진한다는 것을 의미하지는 않는다. 이것이 바로, 모든 세속사를 버리면서까지 하느님에게 빠져버린 신앙인들이 곧잘 처하는 위험이다. 졸지에 추락해 버린 이카로스의 신화*는 이것이 오류임을 잘 보여준다. 우리는 지상 생활의 곤고함과 충동과 어둠을 뛰어넘을 수 없다. 우리의 인간성으로 내려올 용기를 가질 때만 우리 위로 하늘이 열린다. 베네딕도 성인은 야곱의 사다리를 영적 노정의 상징으로 본 『규칙서』 겸손 장章에서 그것을 보여주었다: 땅(humus 흙; humilitas 겸손)으로 내려오는 자만이 하늘로 올라갈 수 있다. 루가는 복음서에서, 예수께서 요르단 강, 즉 인류의 죄로 더럽혀진 강물, 무의식의 물, 세속 권력이 악령의 모습으로 판치는 어둠의 세계로 내려오셨을 때 비로소 하늘이 열렸다고 했다. 인간 존재가 명백한 위험에 처해진 바로 그곳에서 그분 위로 하늘이 열렸다(루가 3,21-22 참조). 그리고 예수께서 죽음의 쓴잔을 거두어 달라고 올리브 산에서 두려움에 찬 기도를 바쳤을 때, 공포의 땀방울이 피처럼 땅을 적셨을 때, 제자들한테 버려져 혼자라고 느꼈을 때, 그 때 다시 하늘이 열리고 천사가 내려와 힘을 보탰다(루가 22,43-44 참조).

막다른 골목, 아무것도 모르겠고 믿음이 있어도 두려움과 의심만 넘실대는 곳에서 우리 위로 하늘이 열린다. 하느님께서는 우리에게 힘을 주시려고 그곳에 천사를 보내신다. 천사는 하늘과 땅을 맺어준다. 땅 위로, 바로 우리의 두려움과 곤경 속으로 하늘을 가져온다.

⚜

답답한 세상을 벗어나고 싶은 때는 언제입니까? 그대에게 하늘은 그대를 위협하는 곤경으로부터 벗어나는 데만 이용하는 수단입니까? 아니면 그대의 두려움 너머로 하늘이 열리는 체험을 해보았습니까? 내려감으로써 올라간다는 것이 그대에게는 무엇을 뜻합니까? 그대가 깊은 심연으로 내려가기를 거부하는 때는 언제입니까? 예수의 세례(루가 3,21-22)와 올리브 동산에서의 기도 장면(루가 22,43-44)을 묵상해 보십시오! 그대의 두려움과 삶의 파랑波浪 너머로도 하늘이 열릴 것입니다.

■ 화요일
하늘은 네 안에 있다(사도 1,10 이하)

하늘을 위에서만 찾지 마라. 사도행전에서 루가는, 제자들이 예수께서 어떻게 하늘로 오르시는지 보려고 하늘만 쳐다보았다고 썼다. "흰옷 입은 사람 둘이 곁에 다가와 말했

부활과 승천

다. '갈릴래아 사람 여러분, 왜 하늘을 쳐다보고 있소?'"
(사도 1.10-11). 두 천사는 예수께서 다시 오실 거라 했다. 그러기에 그분 뒤만 쳐다볼 것이 아니라 다시 오실 그곳에서 임을 맞아야 한다. 바로 자신의 마음이다. 안젤루스 실레시우스는「케루빔의 방랑자」라는 유명한 시에서 이를 고풍스레 표현했다.

> 멈추어라, 너 어디로 가느냐? 하늘은 네 안에 있다.
> 하느님을 다른 데서 찾는다면,
> 영원히 그분을 만나지 못하리라.

하늘은 다른 곳 아닌 바로 우리 안에서 찾아야 한다. 루가의 세계관도 그러하다. 루가는 그리스인이다. 그가 하늘에서 내려오신 예수를 신성한 나그네로 그린 것은 우리에게 신성의 요체를 상기시키기 위함이었다. 말하자면 하늘이, 하느님의 나라가 우리 안에 있음을 알리기 위함이었다. 우리는 세상의 사람이자 동시에 하늘의 사람이다. 예수를 통해 하느님이 우리에게 오셨다. 여기서 루가는, 신들이 인간의 모습으로 등장하는 그리스 신화의 이미지를 염두에 두고 있다. 즈가리야는 이렇게 노래한다. "당신 백성을 찾아와 속량하시고 … 우리 하느님의 자비로운 온정으로 말미암아 높은 데서 별이 우리를 찾아오시어"(루가 1.68.78). 예수를 통해 하느님이 친히 이 땅에 오시어 우리를 찾으신다. 그분은 나그네가 되어 우리 공동체로 들어오신다. 또한, 우리 내면으로도 들어오셔서 하느님의 자비와 인간애를 증거하신다.

이 점을 그리스의 위대한 교부 오리게네스는 이렇게 표현했다. "Coelum es et in coelum ibis — 그대가 하늘이고 그대가 하늘로 간다." 우리는 내면에 하늘을 가진 사람이며 또한 하늘로 가는 사람이다. 이 두 메시지가 루가 복음서의 핵심이다. 예수가 그랬듯이 우리 또한 천지간의 나그네다. 우리도 예수처럼 하늘로 간다. 이 체험을 아우구스티누스의 말로 옮기면 이러하다. "Portando Deum coeli, coelum sumus — 하늘의 하느님을 모시고 있으면 우리가 하늘이다." 그리스도께서 우리 안에 계시므로 하늘은 이미 우리 안에 있고, 우리는 영광중의 그리스도를 보게 될 하늘길을 걷고 있다. 하느님이 어디 숨었느냐는 질문에 하시딤의 설화는 "사람 마음 속에"라고 대답한다. 사람 마음 속에 하느님이 계시다. 그리고 하느님이 계신 그곳이 바로 하늘이다.

수도승 가운데 만인에 내재된 내적 공간을 누구보다 강조한 사람은 에바그리우스 폰티쿠스였다. 이 공간은 사랑의 공간이며 격정이 주는 혼탁으로부터 해방된 공간이다. 에바그리우스는 이 내적 공간을 여러 이미지로 묘사했다.

부활과 승천

그 공간은 하느님의 처소다. 그 안에서 우리는 청옥처럼 빛나는 광채를 본다. 그곳은 예루살렘이며 평화의 전시장이다. 그곳에서 우리는 자신과 하나가 된다. 중세 수도승들은 "Cella est coelum — 독방이 하늘이다"라고 했다. 이는 수도승 홀로 하느님과 함께하면서 그분과 다정한 대화를 나누는 수도원의 독방만을 뜻하지는 않는다. 독방은 우리 안에 하느님이 계시는 절대 침묵의 내적 공간이기도 하다. 수도승이 하느님과 함께 사는 하늘이다. 수도승들은 이곳을 "valetudinarium — 요양실, 치유실"이라고도 한다. 기도중에 이 내적 공간에 머물면 상처와 아픔이 치유되고 새 힘이 솟는다. 내면의 독방은 치유하고 사랑하시는 하느님의 현존이 우리를 감싸고 있는 곳이다.

✤

위의 이미지들 가운데 어느 하나를 택하여 묵상해 보십시오. 하늘이 그대 안에 있고, 그대 안의 하늘에 하느님이 거하심을 그려 보십시오. 고요히 방 안에 앉아 있으십시오. 매일 그 많은 시간을 보내고 있는 방 안에서 무엇이 감지되는지 주위를 둘러보십시오. 하느님이 그대와 함께 살면서 이야기 나누고 싶어하시는 곳, 그대 상처를 치유하시는 곳이 바로 그대 방이라 여기십시오.

부활 제6주간

■ 수요일
내면의 스승(루가 24,51)

예수께서는 제자들과 작별하고 그들 곁을 떠나셨다. 이제 제자들은 외적으로는 그분을 따를 수 없다. 예수는 추종해야 할 구루Guru가 아니다. 그분은 새로운 모습으로 우리 가까이 계시려고 하늘로 가셨다. 그분은 우리 내면의 스승이 되셨다. 문제는, 누구든 언제 진정으로 우리 가까이 오는가 하는 것이다. 접촉하고, 이야기 나누고, 입맞춤할 때 그는 우리 가까이 있다. 그러나 이렇게 가깝게 있어도 늘 거리감이 느껴진다. 다른 이를 전혀 느끼지 못할 때도 많다. 접촉하면서도 피상적일 때가 많기에 다른 이의 마음에는 가닿지 못한다. 이제 예수께서는 우리 가운데 계시지 않아, 우리는 그분을 만지고 더듬고 붙잡을 수 없다. 그분이 하늘로 올라가실 수 있도록 이제 놓아드려야 한다. 우리는 삶을 두고 스스로 지어낸 환상들과 결별해야 한다. 이는 의존과 종속, 과거의 짐, 인생사의 상처와 결별함을 뜻하기도 한다. 그런 것들을 늘 질질 끌고 다녀서는 안 된다. 안 그러면 삶이 너무 고달프지 않겠는가. 어떻게 예수와 함께 하늘 높은 곳으로 들어올려질 수 있겠는가.

구루를 따라 맴도는 일이 바야흐로 중독처럼 번지는 시대다. 누구는 감히 스스로를 구루라 참칭하고, 또 누구는 추종세력들로 인해 구루가 된다. 우리가 예수의 겉모습만 본뜨지 말고 속으로도 닮으라고 그분께서는 하늘로 오르셨다. 바울로 사도는 우리더러 그리스도를 옷처럼 입으라 한다. 우리는 그분의 사상만을 좇을 것이 아니라 그분의 내밀한 본질, 정신, 그분 전체와 하나 되어야 한다. 예수를 따른다는 것이 자신의 생각과 느낌을 부정한다는 것을 뜻하지는 않는다. 내적 자아와 일치하고 내면의 스승을 따르는 것이 곧 예수를 따르는 것이다. 내면의 스승은 우리의 사고와 감정, 꿈과 육체, 주의깊게 듣기만 하면 매일 우리에게 주어지는 온갖 자극들을 통해 이야기한다.

예수가 내면의 스승이라는 말은, 그분이 우리의 초자아가 되셨고, 그분의 근본 가르침을 부모님 말씀처럼 그저 명심하기만 하면 된다는 뜻이 아니다. 내면의 스승은 끊임없는 맞대결을 원한다. 우리는 내면에 떠오르는 모든 것을 예수와 대결시키고 그분 편에서 물어 보아야 한다. 내가 뭘 할 때마다 "예수께서는 뭐라고 하실까?"라고 자문해 보라는 사람도 있다. 물론 도움이 될 것이다. 그러나 자기 초자아超自我의 소리를 예수와 뒤섞지 않도록 주의하라. 예수께서 무어라 말씀하시는지 알려면 우선 자신에게 귀기울여 깊은 내면의 소리를 들어야 한다. 그러나 이때도 자신의 상상을 예수와 혼동할 위험이 있다. 그래서 자신의 생각과 느낌을 예수께서 하신 말씀과 몇번이고 대면시킬 필요가 있는 것이다. 예수의 말씀을 문자 그대로만 해석하지 말고 그 안에서 예수의 영을 발견할 수 있도록 말씀 속으로 들어가 묵상해야 한다. "주님은 영이십니다. 그리고 주님의 영이 계신 곳에는 자유가 있습니다"(2고린 3.17).

✜

그대 내면의 스승을 아십니까? 아니면 더 안전한 길인 듯 싶어서 외적인 스승을 더 따르고 그에게 몸 맡깁니까? 내면의 스승 그리스도가 마음 깊은 곳에서 그대 갈 길을 가리키고 계심을 믿으십시오! 삶을 성취하는 데 필요한 모든 것이 그대 마음 안에 있습니다. 남의 의견에 기대지 마십시오! 참삶의 길을 남들한테서 찾지 마십시오! 그대 내면의 스승은 하느님이 만드신 유일하고 특별한 모습으로 그대를 자라게 할 것입니다. 내면에 귀기울인다면 무엇이 진정 좋은 것인지, 또 무엇이 정말 그대 내면의 길로 인도하는지 분명히 알게 될 것입니다. 내면의 스승에 대한 신뢰가 꼭 있어야 합니다. 우리는 우리가 가고 있는 길이 과연 옳은 길인지를 남한테서 인증認證받아 안정감을 얻으려 하지요. 그런 인증 절차를 무시하고 내면의 스승을 신뢰하십시오. 그가 어떤 영성 지도자나 전문 치료사들보다 그대를 더 잘 인도할 것입니다.

부활과 승천

■ 목요일

우리 자신을 넘어서 높이 들어올려지다(시편 68,19)

예수께서는 인성人性을 함께 지닌 채 하늘 아버지께로 올라가셨다. 동시에, 그분의 인성 속에 우리의 생명력과 성, 공포와 갈망, 욕구와 격정, 힘과 약점들도 함께 가지고 가셨다. 전례는 이 신비를 독특한 시편 구절로 표현하는데, 오늘 축일에서는 이를 「알렐루야」로 부른다. "하느님께서 시나이에서 성소로 타고 오시어 포로들을 사로잡아 높은 곳에 오르시니"(ascendens captivam duxit captivitatem Ps 68,19). 시편 구절은 번역하기 어렵다. 이 구절을 히에로니무스는 그리스도께서 하늘로 오르실 때 포로들을 사로잡아 함께 오르신 것으로 해석했다. 혹은, 그리스도께서 포로들을 사로잡았다는 히에로니무스의 말은 그분이 마침내 우리의 포로 상태를 푸셨다는 뜻일까? 어쨌든 전례는 이 수수께끼 같은 말을 예수 승천에 대한 묘사로 이해했다.

전례는 그리스도의 승천을, 그리스도께서 자기 안에 사로잡히고 사탄에 얽매인 인간들을 함께 데리고 하늘로 오르신 것으로 이해한다. 이 세상에서 우리는 두려움과 슬픔의 감옥에 갇힌 자신을 경험하곤 한다. 우리는 자신에 옭매이고 감정의 굴곡, 욕구와 격정, 죄와 죄의식 따위에 얽혀 있다. 석연찮은 관계와 술수, 역할 놀음 등에 휘말리기도 한다. 우리는 자아와 오만에 사로잡혀 있다. 그리고 오만은 자신만의 진실을 시인하지 못하게 방해한다. 우리는 육체의 질곡에 묶여 있다. 예수께서는 승천하실 때 우리 위에 당신 손을 얹으시고 우리를 당신 사랑의 포로가 되게 하셨다. 우리의 감옥을 변화시키셨으며 사랑으로 우리를 하늘로 데려가셨다. 칼 라너는 말한다. "그분은 그분이 받아들인 것을 데리고 가셨습니다. 무상한 육체, 죽음의 고통으로 흐려져 답을 알지 못하는 인간 정신, 전율하는 영혼이 그것입니다. 내가 바로 그것입니다. 의문과 이해하지 못할 것들이, 흡사 출구를 찾지 못해 찍찍대는 쥐처럼 싸돌아다니는 비좁은 구멍, 그 완벽한 암흑이 바로 나입니다"(Kirchenjahr 95). 그리스도께서는 승천하시면서 우리의 감옥·어둠·냉혹·고독·소외를 하느님 영역으로, 하늘로, 신적인 사랑의 장으로 데리고 가셨다. 그곳에서 우리는 고양되고 초월한다. 우리는 이미 집에 와 있다.

이것이 주님 승천 대축일이 제시하는 새로운 인간상이다. 그리스도께서는 인간 본성을 하늘로 들어올리심으로써 우리에게 신적 존엄을 부여하셨다. 하여, 우리 본성이 자신을 넘어 그분께서 영육을 지니고 오르신 하늘에 들기를 감행할 때만 비로소 우리가 참사람이 된다는 것을 보여주셨다. 인간 존재란 그 자체로 완결된 것이 아니다. 우리의 인간성에만 고착되어 있다면 우리는 이미 지옥을 예비하는 셈이다. 자신을 넘어 하느님의 영역으로 고양될 때야 우리가 참으로 인간답게 살 수 있다. 우리의 실존도 하느님 안에서 비로소 완성에 이른다.

주님 승천 대축일이면 나는 으레 알렐루야 구절(captivam duxit captivitatem — 그분이 포로로 감옥에 갇히셨도다)을 읊조리며 바하알레 거리를 거닐곤 한다. 내 생긴 모습 그대로, 포로로 묶여 독자성과 자유를 잃은 채 내가 이 길을 걷고 있구나, 하지만 그리스도 안에서는 내가 나를 벗어나 하늘로 함께 오르겠지, 이런 생각을 하면서.

이 날, 나만의 또 다른 의례는 "우리의 시민권은 하늘에 있습니다"(필립 3,20)라는 바울로 사도의 말씀이나 "우리는 어디로 가고 있는가 — 언제나 집으로 가지"라는 노발리스의 말을 묵상하며 걷는 것이다. 그러면 내가 궁극의 고향, 하늘로 향하고 있다는 느낌이 든다. 그곳이야말로 내 방랑의 종점이 아니겠는가.

✠

오늘 그대의 노정에서 알렐루야 구절을 묵상해 보십시오. 그 구절은 그대 실존의 신비를 풀어줄 것입니다. 그대의 포로 생활이 종언을 고했다는 것, 그래서 곤고한 지상의 삶을 헤치고 하늘에 받아들여졌다는 것을 말입니다.

_____ 부활 제6주간 _____

■ 금요일
　일상 속 부활의 기쁨(루가 24,52 이하)

"그들은 엎드려 절한 다음 크게 기뻐하며 예루살렘으로 돌아가 늘 성전에서 하느님을 찬양하며 지냈다"(루가 24,52-53). 루가 복음서는 이 말씀으로 끝난다. 제자들은 예수와 작별한 자리에 넋놓고 서 있지 않았다. 집으로 갔다. 기분은 전혀 딴판이었다. 기쁨에 넘쳤다! 이 기쁨으로 이제 그들은 다른 모습으로 살 수 있다. 승천 체험은 살면서 일하는 일상 속으로 우리를 보낸다. 우리는 일상의 권태와 지옥과 공허와 무의미가 지배하는 곳에 하늘을 가져와야 한다. 기쁨은 마음을 넓혀주고 열린 마음으로 사람들을 만나게 한다. 그리고 의욕과 상상력을 가지고 일에 임할 수 있는 활력을 준다. 이런 기쁨으로 일상을 산다면 우리가 접하는 모든 것 위로 하늘이 열릴 것이다.

　제자들은 늘 성전에서 하느님을 찬양하며 지냈다 한다. 하느님께 예배드리고 함께 하느님을 찬양하면서 제자들은 예수께서 올림받으신 하늘을 체험했다. 그들에게 하늘 창문이 열렸다. 승천 체험은 그들을 성전으로 인도했다. 우리에게도 미사성제는 열린 하늘을 보는 장소가 된다. 물론 피곤하고 지루하게 질질 끄는 미사도 없지는 않다! 그러나 노래할 때, 들을 때, 둘러앉아 식사할 때, 돌연 오묘한 분

_____ 부활과 승천 _____

위기가 감돌면서 하늘이 열리는 일이 가끔 일어난다. 교회의 가르침에 따르면 우리는 미사 때 천사와 성인들이 하느님 면전에서 드리는 천상의 전례에 참여한다. 성무일도 중에 내가 "천사들 앞에서 하느님을 찬양하고 있음"(시편 138.1: 베네딕도 규칙서 19.5)을 깨닫는 순간 다른 모든 것은 내게 상대적인 것이 되어 버린다. 나는 일상의 난제들을 회피하지 않으나 그 중압감에서 벗어나는 느낌이다. 그것들이 더는 나를 힘겹게 하지 않는다. 남은 문제들이 더러 있긴 하지만 그것이 나를 좌우하지는 않는다. 나는 자유롭다. 정말 하늘이 열려 있다. 열린 하늘은 내 마음도 열어 주고 넓혀 준다. 그래서 기쁘다. 좁은 마음은 기쁨을 모른다. 기쁨은 마음 넓은 곳에만 있다.

✣

기쁨을 강요할 수는 없습니다. 내가 그대에게 기뻐하라고 명령하면 그대는 조금도 기쁘지 않을 것입니다. 그러나 그대가 부활 승천의 표상들을 떠올려 명상할 때 그대 마음은 넓어지고 기쁨으로 충만할 것입니다. 기쁨은 이미 그대 안에 있으니 인위적으로 만들 필요가 없습니다. 그대가 종종 기쁨을 잘라내는 것은, 그대 안팎의 좋지 않은 것들에 지나치게 신경 쓰는 까닭입니다. 부활과 승천으로 그대, 다시 기쁨을 누리십시오! 그리고 하늘의 너른 지평 아래서 넓은 마음으로 삶을 바라보십시오! 그러면 마음 깊은 곳에서 평화를 발견할 것입니다. 부활의 기쁨이 일상을 변화시킬 것입니다. 그대에게 주어진 숙제들을 더 수월히 척결해 나갈 것입니다.

■ 토요일
우리는 하느님의 자녀(사도 17,29)

사도행전에서 그리스도 승천의 신비를 가장 적절하게 묘사한 이야기를 꼽으라면 나는 아테네 아레오파고에서 한 바울로의 연설을 떠올린다. 아마 그것은 세계 문학사상 가장 많이 논의된 연설문일 것이다. 아테네 시민들은 아레오파고에서 당대를 풍미했던 여러 철학사조들에 대해 즐겨 토론했다. 바울로는 아테네 시민들이 대단한 종교심을 지니고 있다는 말로 연설을 시작한다. 바울로는 아테네의 신전에서 "알려지지 않은 신에게"(사도 17,23)라고 새겨진 제단을 발견한 적도 있었다. 그래서 그는 하늘과 땅을 만드시고 당신을 찾으라 명하신 이 미지의 하느님에 대해서 설교했다. "(하느님은 …) 당신을 더듬어 찾으면 발견하도록 하셨습니다. 그분은 우리 각자에게서 멀리 떨어져 계시지 않습니다. 여러분의 시인 가운데 어떤 이가 '우리는 그분의 족속'이라고 말했듯이 우리는 그분 안에서 살고 움직이며 존재합니다"(사도 17,27-28).

그리스도께서는 승천하심으로써 우리를 하느님께로 들어올리셨다. 이제는 우리가 참으로 하느님 안에서 움직이고, 살고, 존재한다고 말할 수 있다. 여기서 바울로는 스토아 학파와 에피쿠로스 학파의 가르침을 인용한다. 그들은 당시 아테네에서 활동하던 철학자들이었다. 바울로는 그들의 가르침을 범신론적으로가 아니라 예수 부활이라는 관점에서 이해했다. 하느님께서 예수를 죽은 자들 가운데서 살리시어 하늘로 들어올리셨기 때문에 우리는 이 지상에서도 이미 하늘 안에 사는 셈이고, 그래서 하느님 안에 있다. 바울로는 자기와 동향인 시인 아라토스의 말을 인용한다. "우리는 하느님의 족속이다"라는 이 인용구는 기원전 270년경 아라토스가 쓴 교훈시 「파이노메나」Phainomena에서 따온 것이다. 그리스도의 승천에서 계시된 인간 존엄의 문제가 예수 공생활 300년 전에 이미 이 말 속에 표현되어 있다. 여기서 바울로가 그리스인의 지혜를 끌어들인 것은 그리스인들에게 그네들의 철학자들이 품었던 갈망을 채워줄 메시지를 전하고자 함이었다. 우리가 천성적으로 하느님의 족속인지, 아니면 그리스도를 통해서 비로소 그렇게 되었는지 주석가들 사이에 논쟁이 분분하다. 루가는 이 질문에 결정적인 답을 내리지 않는다. 그에게는 그리스인들이 관념적으로만 생각하고 있던 것들이 예수 그리스도 안에서 실현되었다는 사실이 중요했다. 우리 그리스도인들은 예수의 승천을 보며 진심으로 "우리는 하느님의 족속이다"라고 말할 수 있다. 우리는 가는 데마다 하느님 안에 푹 잠긴다. 치유하고 사랑하시는 그분의 현존은 우리를 감싸안는다. 우리는 하느님 안에서 숨쉬고, 울고, 기뻐하고, 슬퍼한다. 하느님 안에서야 우리는 참삶을 산다. 루가는 여기서 본래적이고 참된 삶을 "조멘"zomen이란 말로 표현했다. 하느님 안에서의 삶만이 진정한 삶이다. 그리스 철학자들은 신만이 참된 존재라고 가르쳤다. 우리 인간 존재는 영원한 신의 존재를 분유分有한다. 신이 없다면 우리는 아무것도 아니다. 루가는 바울로의 아레오파고 연설을 통해 예수의 부활과 승천에 대한 시각이 우리의 하느님상과 인간상에 어떤 영향을 끼쳤는지 보여주었다. 하느님과 인간이 하나로 보인다. 인간 없이 하느님 없고 하느님 없이 인간 없다. 이는 하느님과 인간의 관계에 대해 인간이 한 말 가운데 가장 아름다운 말일 것이다. 우리가 하느님과 관계를 맺는 데만 그치는 것이 아니다. 우리는 하느님 안에서 살고 움직이고 존재한다. 그것은 우리가 하느님의 족속이고, 마음 안에 하느님의 씨를 지니고 있으며, 그분의 모상대로 만들어져 내적으로는 하느님과 비슷하기 때문이다.

_____ 부활과 승천 _____

⚜

이 말씀과 더불어 나날을 살면 그대의 본래 모습을 알게 될 것입니다. 그대 삶은 새 맛을 얻게 될 것입니다. 자신을 다르게 체험할 것입니다. 그대가 매순간 하느님 안에 있고 하느님 안에서 움직이고 있다고 생각해 보십시오. 산책을 해도 하느님 안에서 하는 것이요, 숨쉬는 것도 하느님 안에서 숨쉬는 것입니다. 그대가 어떤 행동을 하든지 하느님 앞에서만 하는 것이 아니라 하느님 안에서도 하는 것입니다. 이런 생각이 그저 상상에 불과한 것이 아니라 현실이라는 믿음이 그대를 삶의 신비로 인도할 것이며 그대의 참된 존엄을 보여줄 것입니다.

주

* 이카로스는 다이달로스의 아들이다. 이카로스는 욕심 때문에 너무 높이 날아오르다 날개를 붙인 밀랍이 뜨거운 태양빛에 녹아 내리는 바람에 바다에 떨어져 죽고 말았다.

성령을 기다림
부활 제7주간

■ 주일
오소서 성령이여!(사도 1,12-14)

주님 승천부터 성령강림까지 교회는 성령께 9일 기도를 드린다. 그것은 예수께서 승천하신 후 예루살렘으로 돌아간 사도들이 다락방에서 "여자들과 예수의 어머니 마리아와 예수의 형제들과 함께"(사도 1,14) 기도에만 힘썼던 데서 유래했다. 그들은 예수께서 승천하시기 전에 "그대들은 성령의 능력을 받아 예루살렘과 온 유대와 사마리아뿐 아니라 땅끝에 이르기까지 나의 증인이 될 것입니다"(사도 1,8)라고 하신 약속이 이루어지기를 기다리며 기도하고 있었다. 성령강림 9일 기도중 우리는 성령께서 우리 위에, 성령 없이는 존재할 이유도 없는 교회 위에, 그리고 모든 사람들 위에 친히 내려오시어 우리 안의 말라죽은 것들이 다시 살아나기를 애타게 기다린다. 9일 기도의 전통은 로마인들에게도 있었는데, 그리스도교 신앙생활에서 선호되기 시작한 것은 12세기부터였다. 9(neun)라는 숫자는 서양 여러

_____ 성령을 기다림 _____

언어에서 "새롭다"(neu)라는 단어와 유사성을 자아낸다(novem - novis). 9는 변화의 특성을 지니며 새로운 형태를 예비한다. 마치 아기가 태어나는 데 태중의 아홉 달이 필요한 것과 같다. 사도들이 마리아와 예수를 따르던 여인들과 함께 바친 성령강림 9일 기도는 모든 그리스도교 9일 기도의 원형이다. 성령강림 9일 기도중에 우리는 교회의 쇄신과 우리 개개인의 갱신을 위해 기도드린다.

성령강림 9일 기도중 저녁기도는 809년경 베네딕도회 수도승 흐라바누스 마우루스가 지은 찬미가 「임하소서 성령이여」(Veni creator spiritus)를 노래한다. 무려 1200년 전 흐라바누스 마우루스가 지은 이 노래는 현대인의 갈망에도 잘 어울린다.

> 오소서 성령이여 창조주시여,
> 믿는 이 영혼들을 굽어보소서.
> 당신이 지어주신 우리 마음을
> 천상의 은총으로 채워주소서.

성령께서 일상의 곤고함으로 힘 잃은 생명을 우리 안에 새로이 소생시켜 주시기를! 오늘날 많은 이들이 생기와 참 삶을 그리워한다. 그들은 제 사는 모습들이 참삶이 원하는 바와 어울리지 않는다는 인상을 받는다. 하느님께서는 성령을 통해 세상을 창조하셨다. 성령께서 우리를 새롭게 창조하시기를! 매순간 숨을 들이킬 때 하느님이 성령의 입김으로 우리를 끊임없이 새롭게 하심이 느껴진다.

> 당신의 그 이름은 빠라끌리도(위로자),
> 더없이 높으옵신 하느님 선물.
> 타는 불 생명의 불 사랑이시여,
> 영혼에 스며드는 기름이시여!

성령은 우리의 동반자요 위로자며 아버지의 선물이다. 또한 생명의 샘이요 불이며, 빛이요 사랑이며 또한 기름바름(fons, vivus, ignis, caritas er spiritallis unctio)이다. 성령은 생명의 샘이다. 이 샘은 하늘스런 것이므로 퍼내도 퍼내도 고갈되지 않는다. 현대인들은 끊임없이 주기만 해야 하기에, 자신이 메마르고, 진 빠지고, 다 타버린 것처럼 느낀다. 우리는 성령강림 9일 기도중에 성령의 샘이 다시 우리 안에 솟아 우리를 생기있고 기운차게 해주시기를 빈다. 성령은 우리를 덥히는 불이며 밝히는 빛이다. 성령은 기름바름이다. 우리의 상처를 치유하여 우리 각자에게 주어진 과제를 짊어지게 한다.

    나는 여기서 이 의미심장한 찬미가 전부를 해석하지는 않겠지만 그래도 4절만은 놓치고 싶지 않다.

성령을 기다림

우리 얼 그 빛으로 비춰주소서
그 사랑 우리 맘에 부어주소서.
언제나 끊임없는 도우심으로
연약한 우리 육신 굳게 하소서.

라틴말을 그대로 옮기면, "성령께서 감각에 불을 당기시기를"(Accende lumen sensibus)이라는 뜻이다. 성령은 순수하게 영적인 것만은 아니다. 성령은 우리 감각에 불을 당겨 이 세상에서 온 감각으로 하느님을 지각하게 한다. 삶이 하느님에게서 비롯된 삶이 되려면 감각이 깨어 있어야 한다. 이때 비로소 우리는 이 세상에 제대로 있게 된다. 우리는 감각을 통해 현실과 관계 맺는다. 위의 청원을 음미하다 보면 우리 감각이 얼마나 무딘지, 우리가 얼마나 많은 주위 사물들을 제대로 느끼지 못하고 있는지 안다. 마음이 감각 아닌 딴 데 가 있기 때문이다. 성령으로 감각이 깨어 빛나면, 감각이야말로 하느님을 체험하는 주요 기관이 된다. 갖가지 소리를 통해 하느님의 소리를 듣고, 보이는 것을 통해 보이지 않는 것을 봄으로써 우리는 이성 아닌 감각으로 하느님을 체험한다.

성령은 마음에 내리는 사랑이다. 누구나 사랑하고 사랑받기를 갈망하지 않는가. 성령은 사랑할 능력을 준다. 성령은 우리 마음에 흘러드는 아버지의 사랑이다. 성령을 통해 우리가 하느님께 온전히 사랑받고 있다고 느낀다. 성령을 통해 하느님의 사랑이 우리 몸과 마음에 흘러든다. 찬미가 끝절의 청원은 육신의 나약함에 대해 말한다. 성령께서 우리 몸을 새 힘으로 채우시기를! 성령께서는 육화로 우리 몸에 굳게 깃드시어 우리를 신적인 힘으로 채우신다.

⚜

성령강림 9일 기도중에는 성령강림을 기다리던 다락방의 그들과 함께하십시오. 제자들이 기도하던 이 시점에, 장차 온 세상을 뒤흔들 새로움이 예비되었습니다. 다락방은 교회 탄생의 모태이자 그대가 새사람으로 태어날 모태입니다. 마우루스의 찬미가를 묵상하면서 그 상징들을 그대 안에 깊이 새기십시오. 그대 안에 성령의 샘이 다시 솟고 그분의 사랑이 새롭게 타오름을 느낄 것입니다.

■ 월요일
  세찬 바람이신 성령(사도 2,2)

성령 체험을 전할 때 루가는 다양한 상징을 동원했다. 제일 인상적인 것으로는 '세찬 바람'을 들 수 있겠다. 제자들이 모두 한데 모여 있는데 "갑자기 하늘에서 세찬 바람

성령을 기다림

이 부는 듯한 소리가 나더니 그들이 앉아 있던 집 안을 가득 채웠다"(사도 2,2). 제자들은 세찬 바람이 부는 듯한 소리를 들었다. 성령은 듣고 느낄 수 있게 나타났다. 어지간한 바람소리는 귀로 들을 수 있지만 모진 광풍이라면 피부로도 느낄 정도다. 그런 바람이 우리 곁에 휘몰아쳐 우리를 요동시키고 뒤흔들어 놓는다. 예부터 성서는 하느님의 영을 기운, 숨, 혹은 바람으로 묘사했다. 창조 때도 하느님의 기운이 물 위에 휘돌았다. 성령 체험에 있어 나는 바람이라는 상징을 매우 중히 여긴다. 성령을 도통 알 수 없는, 추상적인 것으로 생각하는 이들이 좀 많은가. 그들에게는 성령이 어렵게 느껴진다. 믿으려 해도 아무것도 떠오르지가 않는다. 그러나 바람 속에 서 보라. 피부에 스치는 바람을 온 감각으로 느낄 때, 성령의 여러 속성들도 느껴진다. 성령은 여린 바람결로 날 부드럽게 쓰다듬기도 한다. 성령이 세찬 바람으로 내게 휘몰아쳐 내 안의 모든 진부한 것들을 쓸어낸다. 혹은 나를 움직여 거스를 수 없는 힘으로 밀어붙인다. 성령은 숨쉴 때도 느껴진다. 나는 공기뿐 아니라 하느님의 거룩한 치유의 영도 들이마신다. 그 영을 통해 나는 내 안에 스미는 그분의 사랑을 마신다.

엘리야는 하느님이 폭풍 속 아닌 부드럽고 여린 산들바람 속에 계시다는 것을 배워야 했다. 그러나 성령강림날의 성령은 세찬 바람으로 오신다. 하느님의 영을 세찬 바람으

_부활 제7주간_

로만 못박으면 안 된다. 그분은 정적 속에서만 알아챌 수 있을 만큼 아주 조용히 올지도 모른다. 그러나 폭풍 같은 감동으로 우리를 열광시켜, 우리가 체험한 바를 주저 없이 사람들에게 이야기하지 않을 수 없도록 만들기도 한다. 성령강림날 제자들은 함께 모여 교회의 기초를 형성했다. 그러므로 이는 개인적인 하느님 체험에 그치는 것이 아니라 성령이 교회에 몰고온 큰 흐름으로 보아야 옳다. 교황 요한 23세가 공의회 이전에 그리스도인들에게, 낡은 벽이 뿜어내는 탁한 냄새가 사라지고 공동체 안에 신선한 바람이 불도록, 성령께서 교회에 새 생명을 불어넣어 주시도록, 창문을 활짝 열어젖히라고 요청한 것은 이러한 성령강림의 표징을 적절히 묘사한 것이었다. 해마다 성령강림 대축일이 오면 우리는, 교회가 용기를 잃지 말도록, 자기 주위를 맴돌며 제 상처만 핥고 있지 말도록, 자신을 벗어날 용기를 지니고 사람들 속에 감동의 세찬 바람을 불러일으킬 수 있도록 성령을 보내주십사고 하느님께 간청한다.

⚜

바람의 여러 모습들을 느껴 보십시오. 어떻게 그대를 부드럽게 어루만지는지, 어떻게 풀들을 이리저리 춤추게 하는지, 어떻게 나무들을 쓰러뜨리고, 거역할 수 없는 힘으로

_____ 성령을 기다림 _____

땅을 후려치는지 …. 솔숲 바람소리에 귀기울여 보십시오. 때로 신비스런 분위기가 느껴지면서 그 속에서 성령의 신비를 예감하게 될 것입니다. 성령이 스스로 바람에 실려 그대 주위에 불고 그대 안에 스며든다고 상상해 보십시오. 그대의 호흡에 온전히 집중하십시오. 거룩하고 사랑스런 영이 어떻게 하느님의 숨결을 타고 그대 안으로 흘러드는지, 어떻게 모든 것이 그대 안에 스며들고 변화되는지 호흡중에 느껴 보십시오. 그대에게 성령은 더이상 추상적이거나 허황한 것이 아닐 것입니다. 눈에 보이지는 않아도, 살랑살랑 바람소리, 풀잎 흔들리는 소리, 휘돌아 오르는 먼지만 보면 알 수 있는 바람처럼 꼭 그렇게 느껴질 것입니다. 그대 안에서도 성령이 바람 같은 힘을 지니고 그대를 새 삶으로 이끌 수 있다는 것을 믿으십시오.

■ 화요일
불이신 성령(사도 2,3)

루가가 성령강림 신비를 묘사할 때 사용한 둘째 상징은 불이다. "불 같은 혀들이 갈라지며 나타나 각자에게 내려앉았다"(사도 2,3). 바람소리가 나는 듯하더니 불혀가 보였다. 그러니까 성령은 '볼 수 있는 것'이다. 보이지 않는 것이 보이는 것, 이것이 성령강림의 신비다. 랍비 문학에서 불혀는 전혀 낯설지 않은 상징이다. 하느님의 말씀이 불혀 모양을 하고 각자에게 내려온다. "불 같은 혀들이 갈라지며 나타나 각자에게 내려앉았다"는 상징을 통해 루가는 각자가 성령으로 충만해져 하느님의 영으로 불타고 있음을 표현했던 것이다.

여러 문화권에서 불은 성스러운 것이었다. 물은 땅에서 솟지만 불은 하늘에서 온다. 불은 신성한 존재다. '불의 신'이 있다는 것은 우연이 아니다. 불은 정화하고 갱신하며 불순한 것을 깨끗이 태운다. 금은 불 속에서 정화된다. 순금만 남기고 찌꺼기는 전부 타버린다. 성령은 삶을 방해하는 우리 안의 모든 것을 태워버린다. 고뇌, 불만, 상심, 모욕 따위의 우울한 정서와 혼탁이 우리 안에 있다. 이 모든 것들이 우리 삶을 방해한다. 명쾌한 결단이 서질 않는다. 분노, 질투, 열등의식이 결단을 흐려 놓는다. 그리하여 우리는, 맑고 순수한 마음으로 결단내릴 수 있게 내면의 흐려진 것과 얼룩진 것을 태워버릴 성령의 불을 갈망한다. 불은 더 높은 차원의 새로운 탄생을 준비한다. 우리 안에 옛 것이 타버리면 새 삶이 시작된다.

불은 생기의 상징이기도 하다. 눈에서 광채가 나는 사람들이 있다. 그런 사람들이 뿜어내는 어떤 기운이 있다. 불꽃 같은 것이다. 생명과 기쁨과 깨어 있음이다. 그 누구도 그들의 카리스마에서 벗어날 수 없다. 속삭이는 듯 따

_____성령을 기다림_____

사로운 눈빛이 있는가 하면 사람을 놀래킬 만큼 이글거리는 눈빛도 있다. 누군가한테 악하고 종잡을 수 없는 뭔가가 있는 줄을 우리가 그래서 안다. 성령의 불을 청한다는 것은 우리 안에 사위어진 불씨를 다시 지펴 생명을 깨울 불을 청한다는 것이다. 많은 현대인들이 공허와 탈진에 신음하고 있다. '탈진 증후군' Burn-out-syndrome은 특히 남을 위해 진력하는 사회운동가들한테 만연하고 있다. 자신을 태우는 사람은 언젠가 소진하게 마련이다. 그들은 내면의 불로부터 자신을 보호하는 것을 잊고 있다. 헨리 나웬은 이것을 영적 생활의 과제라 보았다. 그들은 자기 화덕의 불구멍을 계속 열어 놓고 있어서 내면에 재만 남았다. 그들한테서 더 나올 게 없다. 그들은 체념하고 좌절하여 힘도 열의도 없다. 성령강림은 우리 마음 깊은 곳에 식어버린 재가 아니라 영육을 새롭게 태울 불씨가 있음을 일깨워 준다. 성령강림 축일에 입는 붉은 제의에는 서로에게 내면의 불꽃을 상기시키려는 뜻이 담겨 있다. 우리가 성령강림을 경축하는 것은 우리 내면의 불씨를 새롭게 활활 태우기 위함이다. 그래서 남들도 따뜻하고 기쁘게 자신의 활력을 다시 찾을 수 있도록.

젊은 시절, 우리는 모닥불 피워 놓고 노래부르기를 좋아했다. 함께 불을 바라보는 것은 참으로 매혹적이다. 불은 합일시킨다. 불가에 공동체가 모인다. 우리는 9일 기도를 통해, 성령의 불이 공동체의 중심이 되기를, 우리가 불가에 모여앉아 마음을 하느님께 들어올릴 그리움의 노래를 부르는 장소가 교회일 수 있기를 기도드린다.

✠

그대는 어떻게 불을 체험했습니까? 무엇이 불과 연관됩니까? 불은 그대 안에 무엇을 불러일으킵니까? 그대 안에 성령의 불이, 사랑과 생기와 상상력과 힘의 불이 타고 있음을 믿으십시오. 이 불이 꺼지지 않도록 지키십시오. 게르만족은 화덕의 불씨를 지켜야 했습니다. 꺼뜨리는 이는 무서운 벌을 받았습니다. 그대 안의 모든 것이 따뜻해지고 깨끗해지고 새로워지며 하느님의 사랑에 깊이 스며들도록, 그대 화덕에 불을 지피십시오. 그대 내면의 불을 지킬 때 다른 이들도 그 불로 인해 따뜻해질 것입니다. 눈이 빛나고 그들 안에 새로운 생기가 솟아날 것입니다.

■ 수요일
성령과 새로운 언어(사도 2,4-13)

루가가 성령의 역사役事를 묘사하기 위해 사용한 셋째 상징은 언어다. "모두 성령으로 가득 차서 영이 일러 주는 대로 여러 가지 다른 언어로 말하기 시작했다"(사도 2.4). 이 상징은 창세기의 바벨탑 이야기에까지 거슬러 올라간다. 처음에는 모든 사람들이 "한 가지 말을 쓰고 있었다. 물론 낱말도 같았다"(창세 11.1). 그들에게 그것은 큰 힘이었다. 그들은 이 큰 힘을 실감하면서 점차 교만해져 하늘까지 닿는 탑을 쌓으려 했다. 하느님은 "당장 땅에 내려가서 사람들이 쓰는 말을 뒤섞어 놓아 서로 알아듣지 못하게 해야겠다"(창세 11.7)고 결심하셨다. 서로의 말을 알아듣지 못하는 한 공동 작업은 불가능하다. 반대로, '같은 말'을 구사하는 사람들끼리 뭉치면 큰 일을 성취할 수 있다. 이런 일은 교회 공동체, 회사와 정당, 여러 조직 내에서 우리가 지금도 경험하고 있다. 공동 언어를 상실하면 공동체는 와해된다. 한 개인이 무슨 큰 일을 해낼지는 몰라도, 더불어 할 수 있는 일은 더이상 없다.

성령강림은 바빌론의 언어혼란에 대한 하느님의 응답이다. 하느님은 사람들이 다시 같은 말을 함으로써 새롭고 항구적인 뭔가를 이룩하기를 바라신다. 하느님은 성령을 통해 인간에게 공동 언어를 주셨다. 인류가 힘을 합쳐 피조물들을 책임있게 가꾸고 각 민족과 문화가 지구촌 대가족으로 함께 성장하라는 뜻이었다.

성령강림 사화에서 루가는 "말하다"에 두 종류의 단어를 사용한다. 하나는 "라레인"lalein인데, 본래 "수다 떨다,

지껄이다, 서로 터놓고 이야기하다"라는 뜻이다. 제자들은 외국어를 아주 자연스럽게 구사했다. 마치 가족끼리 대화하는 듯했다. 그리고 모두가 그 말을 알아들었다. 여러 나라에서 온 사람들이 신기해서 물었다. "지금 말을 하는 저 사람들은 보아하니 모두 갈릴래아 사람 아닌가? 그런데 우리는 저마다 태어난 고장의 말로 듣고 있으니 어찌 된 셈인가?"(사도 2,7-8). 다른 하나, "아포프테게스타이"apophtheggesthai는 "열광해서 말하다, 도취되어 말하다"라는 뜻이다. 제자들은 그저 아무 말이나 한 것이 아니라 "하느님의 위업"(사도 2,11)을 전했다. 사람들은 제자들의 열광에 감화되어 "모두 넋을 잃고 어쩔 줄을 몰랐다"(사도 2,12).

성령은 새로운 언어, 만인이 알아들을 수 있는 언어를 구사할 능력과, 남을 감화시키고 마음에 불을 당길 감동의 설교 능력을 준다. 오늘날 교회는 커뮤니케이션 부재에 시달린다. 우선, 사람들 사이에 대화가 없다. 바빌론 사람들처럼 서로의 말들이 빗나가고 있다. 노선이 다른 사람끼리는 서로를 납득시키기도 어렵다. 다음으로, 우리의 언어 자체가 공허해졌다. 사람들과 더이상 교통할 수가 없다. 교회 언어는 이제 아무도 감화·감동시키지 못하는 '저들만의 언어' Insider-Sprache가 되어버린 것 같다. 어떤 저널리스트는 교회 언어의 무의미함을 두고 이런 말을 했다. "하느님은 죽지 않았다. 다만 '주일 묵상'(Wort zum Sonntag: 주일을 위한

성령을 기다림

묵상 말씀을 전하는 토요일 밤의 짧은 텔레비전 프로그램 — 역자 주)을 보면서 졸고 있을 뿐이다."우리는 분명, 하느님에 대한 말을 성령 강림 때 제자들이 해냈던 것만큼 잘할 수는 없으리라. 우리가 하는 말은 마음을 움직이지 못한다. 강론을 들어도, 옳은 말이긴 하지만 꼭히 마음에 와닿지는 않는다는 인상을 받을 때가 많다. 전혀 감동을 주지 못하는 것이다.

루가는 사람 사이를 다시 이어주고 감동을 주는 언어에는 두 가지 조건이 전제되어야 한다고 보았다. 믿을 만한 사람들끼리 마음을 여는 말을 할 때처럼, 우선 "터놓고" 이야기할 용기를 가져야 한다. 어떤 사람은 자신을 말 뒤에 숨긴다. 말에 마음을 담지 않는다. 원래 말하고 싶었던 것이 무엇이었는지 모른다. 말을 하긴 했지만 자신에 대한 말도 아니고 내심에서 우러나온 말도 아니다. 남들이 우리의 말을 이해하는 경우는, 그것이 마음에서 우러나온 말일 때, 스스로 체험하고 느끼고 예감한 것을 말할 때뿐이다. 우리가 하는 말이 아직 (궁시렁거리듯) 분명하지 않아서일까. 우리 안에 든 것을 표현할 용기를 지님으로써 어렴풋한 것들이 꼴을 갖춘다. 그러면 남들도, "내가 진작부터 감은 잡았지만 딱히 들어맞는 말을 찾지 못했는데 네가 정확하게 표현해 주었구나"라고 할 것이다. 말이 이런 반응을 일으킨다면 그것은 성령의 덕이다. 둘째 조건은, "감동에 충만한" 말을 하고, 영의 힘으로 순수한 객관성에서 벗어나 우리 마음을 성령의 세찬 바람에 노출시키는 것이다. 남을 감동시키려면 성령의 이런 능력이 우리가 하는 말에 스며들어야 한다. 이는 남을 조종한다는 뜻이 아니다. 말을 오용하는 선동가들도 있다. 그들은 대중의 무의식적 욕구에 호소하고 말로써 대중적 권력을 획득한다. 성령이 주는 말은 치유하고 해방하는 작용을 한다. 하느님의 사랑이 흘러들 수 있도록 사람을 깊은 그리움으로 감동시키고 마음을 열어준다. 루가는 새로운 언어의 두 가지 효능에 대해 언급한다. 사람들이 자신을 벗어나, 놀라며, 변모한다. 말은 그들 속에 어떤 새로운 것을 불러일으킨다. 말은 그들을 다른 상태에 들게 한다. 그래서 넋을 잃고 어쩔 줄을 모른다. 불안해진다. 사도들의 말은 사람들에게 숙고와 질문거리를 제공했다. 그들은 "'이 일이 무슨 뜻일까?' 하며 서로 물었다"(사도 2,12).

✤

그대의 말은 어떻습니까? 그대는 마음에 있는 말을 합니까? 아니면 공허한 말 뒤에 그대를 숨깁니까? 그대의 말은 남의 마음을 움직입니까? 아니면 그들을 비껴 갑니까?

성서의 말씀을 깊이 묵상해 보십시오! 오히려 낯선 말들일수록 그대 내면을 뒤흔들 것입니다. 성서 말씀들로 그대를 놀라게 하십시오! 기존의 상태와 안락한 위치를 버리십시오! 성서 말씀들이 그대 안에서 무엇을 일깨우고 싶어 합니까? 그대를 어디로 데려가려 합니까? 그대가 계속 움직여 사람됨의 길, 하느님께로 난 길을 가도록, 말씀을 마음 깊이 받아들이십시오!

■ 목요일
협조자이신 성령(요한 14-16장)

요한 복음서에서 예수께서는 다섯 번이나 당신 제자들에게 협조자이신 성령을 약속하셨다. 그리스어 "파라클레토스"parakletos는 법정에서 도와주고 변호해 주는 '협조자', 혹은 '변호인'을 뜻한다. 협조자는 위로하고 격려하는 사람이기도 하다. 예수께서는 제자들에게 영원히 그들과 함께 계실 협조자를 약속하셨다(요한 14,16 이하 참조). 그분은 협조자를 "진리의 영"이라 부르셨다. 진리의 영은 그들에게 모든 것을 가르쳐 주시고 예수께서 말씀하신 모든 것을 생각나게 해주실 것이다(요한 14,26). 그리고 예수를 증언하실 것이다(요한 15,26). 그분은 제자들이 재판받을 때 그들을 도울 것이며 그들이 해야 할 말을 일러 주실 것이다. 예수께서는 마태오 복음에서 이미 "그대들 아버지의 영이 그대들 안에서 말씀하시는 것입니다"(마태 10,20)라고 약속하셨다. 성령은 변호인일 뿐 아니라 고소인이기도 하다. 그분은 "죄와 의로움과 심판에 대해 밝혀 주실 것"(요한 16,8)이다. 협조자의 으뜸 과제는 "제자들을 이끌어 진리를 온전히 깨닫게 하는 것"(요한 16,13)이다. 그분이 제자들에게 하실 새로운 말씀은 없다. 다만 예수가 하신 말씀의 참뜻을 깨닫게 할 뿐이다. "그분은 나를 영광스럽게 하실 것입니다. 내 것을 받아 그대들에게 알려 주실 것이기 때문입니다"(요한 16,14).

요한이 복음서를 바친 교회 공동체들에게 협조자 상징이 주는 의미는 지대했다. 그 상징은 로마 종교정책의 적대적 분위기를 견뎌내는 데 도움이 되었다. 그렇다면 오늘날 우리에게는 어떤 의미를 줄 수 있을까? 내게 중요한 것은, 믿음의 길에서 내가 혼자가 아님을 안다는 것이다. 신앙을 거부하는 세상에 나 혼자 맞서는 것이 아니다. 수도승인 내가 구시대의 유물처럼 보일 때도 있지만, 나는 영적인 길이 삶의 본령임을 마음 깊이 확신하고 있다. 내 가는 길에 성령이 나와 함께 계시다. 그분은 나의 길이 옳다는 확신을 주신다. 내 강좌의 참석자들은 종종, 신앙생활을 하면 세상의 미아가 된 듯한 기분이 든다고 했다. 직장에서는 교회를 비웃는 소리만 들린다. 그리스도교적 사고는 웃음거리일 뿐이다. 그래서 그들은 홀로 승산 없는 싸움을 하고 있다고 느끼는 것이다. 협조자 상징은 이 미심쩍은 상황에서 마음이 내게 명하는 바를 신뢰하도록 도와

준다. 성령은 내 마음 속에서 말씀하신다. 그분이 나와 함께 계시다. 그분은 내 편이다. 내게 힘을 주신다. 나는 주위 사람들과 다른 생각을 가질 수 있고 또 그래도 된다. 다르게 말하고 다르게 살아도 된다. 얼마든지 그럴 수 있다. 성령을 등에 업으면 나는 나 자신이 미덥고 자유롭다. 성령은 우리를 온전한 진리로 인도하신다. 그분은 모든 것을 덮은 베일을 벗긴다. 우리는 얼마나 자주 어둠 속을 헤매는가. 우리가 실제를 말한다지만 사실은 실제에 대한 우리의 생각을 말할 뿐이다. 성령께서 베일을 걷어낼 때 우리는 온전한 진리를 깨닫는다. 통찰력이 생기고 근원을 볼 줄 안다. 돌연 만사가 명료해진다. 예수의 말씀들이 나의 구체적인 상황과 맞아떨어지고, 나를 생명으로 인도하는 생명의 말씀임을 나는 성령을 통해 비로소 이해한다. 때로는 이해도 못하면서 성서 말씀을 대하기도 한다. 내게 말씀들은 낯설고 부담스러워, 심심찮게 짜증도 난다. 그럴 때 나는, 말씀들이 내게 중요하고 감동을 주는 것이 되도록 성령께서 이 말씀들을 해석해 주십사고 기도한다. 그러면 말씀들의 의미가 통할 뿐 아니라, 그 말씀들이 참으로 생명과 사랑의 버팀목이 되어 나를 하느님의 신비로 이끌어감을 체험하곤 하는 것이다.

✠

_____ 부활 제7주간 _____

오늘 하루를 협조자 상징과 함께 사십시오. 분쟁을 감당해야 할 때, 누군가 그대에게 해명을 요구할 때, 어려운 과제를 눈앞에 두고 있을 때, 그대의 종교적 소신 때문에 외롭다고 느낄 때, 그대는 혼자가 아님을 기억하십시오. 성령께서 그대와 함께 계십니다. 그대 곁에서 그대를 바라보며 그대에게 도움될 생각과 말씀을 주고 계십니다.

■ 금요일
성령의 은사(1고린 12,8-11)

고린토 전서에서 바울로는 성령이 그리스도인들에게 베푸는 여러 은사에 대해 말한다. 이 은사들은 공익을 위해 사용되도록 각자에게 베풀어진다. 바울로는 카리스마(특은)에 대해서 언급한다. 그것은 하느님이 각자에게 주시는 선물, 재능, 천성이다. 헤리베르트 뮐렌은 카리스마를 "은총(카리스)에서 나오는 것이며, 교회와 세상 안에 살면서 봉사하도록 성령으로부터 각자에게 특별히 주어진 능력"이라 했다 (LexSpir 183). 우리는 이런 능력을 지니고 있지 않으며 구체적인 상황과 관련하여 순간순간 주어지는 것이다. 바울로는 여러 가지 은사가 같은 영에서 나온다는 사실을 중시했다. "어떤 이에게는 영을 통해 지혜의 말씀이 베풀어지는가 하면, 어떤 사람은 같은 성령에게서 믿음을 받았고, 어떤 사람은 같은 성령에게서 병 고치는 능력을 은사로 받았습니다. 어떤 이에게는 같은 영에 따라 인식의 말씀이 베풀어집니다. 어떤 이에게는 같은 영 안에서 믿음이, 어떤 이에게는 그 한 영 안에서 병고치는 은사가, 어떤 이에게는 기적을 행하는 은사가, 어떤 이에게는 예언하는 은사가, 어떤 이에게는 영들을 식별하는 은사가, 어떤 이에게는 갖가지 신령한 언어로 말하는 은사가, 어떤 이에게는 그 신령한 언어를 해석하는 은사가 베풀어집니다. 그러나 이 모두를 같은 한 영이 이루시며, 원하는 대로 각자에게 그 나름의 은사를 나누어 주십니다"(1고린 12,8-11).

오늘날 우리는 우리의 상처와 한계만을 볼 위험이 매우 크다. 바르게 살려면 무엇보다 먼저 질병과 장애를 극복해야 한다고 믿고 있다. 상처를 간과할 수야 없겠지만 거기에 얽매일 것도 물론 아니다. 바로 이 점 때문에 바울로의 시각이 도움도 주고 낫게도 하는 것이다. 성령께서 각자에게 주신 은사를 바라보자. 저마다 특별한 은사를 받았다. 자기만의 특출한 능력과 가능성을 하느님한테서 선물로 받았다. 공동체의 삶에 저마다 어떻게든 기여할 수 있다. 누구나 나름대로 가치가 있다. 요는, 내게 주어진 은사를 어떻게 아는가 하는 것이다. 나는 도무지 자신감이 없는 사람들을 보았다. 그들에게는 자기보다 더 **빼어난** 사람들이 있다는 사실이 불공평해 보인다. 누구는 음악에 재능이 있다. 또 누구는 총기가 있어서 시험을 잘 친다. 어떤 이는 늘 건강하고 명랑한 반면, 어떤 이는 남들 다 잘 나가는데 자기만 별 볼일 없어 보여 죽어라 우울증하고만 싸우고 있다. 남과 비교하지 마라. 이런 사람들은 하느님이 진정 그들에게 원하시는 것이 무엇인지에 눈길을 돌려야 한다. 나름대로 가치있고, 고유하고, 특별하고, 유일무이한 재능이 누구한테나 있다. 나만의 인생사를 바라보라, 내가 어떤 은사를 받았는지 알게 될 것이다. 내가 겪고 견뎌온 모든 것이 나의 은사다. 내가 크게 상처입었다, 그렇다면 혹시 나의 재능은 남을 더 잘 이해하고 동무해 주는 데 있지 않을까. 나의 인간적인 욕망이 채워지지 않았다, 그렇다면 나는 혹시 영적인 삶을 사는 데 각별한 은사를 받은 것이 아닐까. 나의 한계를 뼈저리게 절감한다, 그렇다면 혹시 나의 은사는 자신과 타인에게 온유와 자비를 베푸는 데 있을지도 몰라 ….

한 가지 눈에 띄는 것은, 바울로가 은사들을 나열하면서 고린토인들이 제일로 높이 치는 은사를 맨 뒤에 두었다는 점이다. 고린토인들은 신령한 언어를 말하는 은사를 특히 좋아했다. 그들에게 그것은 천상의 언어였지만, 알아들을 수 있는 말은 아니었다. 바울로는 이 기이한 현상을 비판한다. 바울로에게는 관계를 형성하는 은사가 더 중요했던 것이다. 남에게 지혜를 전하는 사람은 성령을 통해 그 영향력을 행사한다. 병을 고치고 상처를 다스리는 사람도 은사를 입은 사람이다. 하지만 바울로는 사랑의 은사를 이 모든 은사의 우위에 둔다. 제아무리 위대한 은사라도 사랑이 없다면 무익하고 헛될 뿐이다(1고린 13장 참조).

교회는 전통적으로 성령의 일곱 은사가 있다고 한다. 이사야 11,1-5까지의 말씀에 따르면 그것은 지혜와 슬기의 영, 경륜과 용기의 영, 지식과 신심의 영, 하느님을 경외하는 영이다. 7은 변모의 수다. 이 일곱 은사는 하느님이 각자에게 바라시는 상象으로 사람을 변모시킨다. 성령송가는 일곱 은사가 우리에게 덕행의 갚음virtutis meritum과 궁극의 구원salutis exitum과 영원한 기쁨perenne gaudium을 선사하는 효험이 있다고 한다. 성령의 일곱 은사는 우리가 만들어 내는 것이 아니다. 그것은 선물이다. 그래도 우리가 그 은사를 입도록 애써 노력할 필요는 있다. 바울로가 은사를 선물이라고 말하면서도, "더 큰 은사를 간절히 구하시오"(1고린 12,31)라고 우리에게 요구한 것도 이런 맥락이다. 이 일곱 은사가 우리 안에서 효력을 발휘한다면 삶은 성취되고, 거룩하고 완전해지며, 죽음 너머까지 사라지지 않는 기쁨으로 충만할 것이다.

⚜

하느님은 그대에게 어떤 은사를 베푸셨습니까? 여러 은사들 가운데서 가장 빼어난 것은 무엇입니까? 각 은사마다 저마다의 과제가 있습니다. 그것이 그대를 삶으로 인도할 것입니다. 그러나 그 은사는 바울로가 말한 것처럼 남도 고양시키고 이롭게 할 능력을 그대에게 줄 것입니다. 그대의 은사가 무엇인지 찾아냈다면 삶을 통해 보여주십시오. 그리고 그것을 그대와 다른 사람들을 위해 쓰십시오. 은사를 통해 그대의 개성을 계발하고 남에게 봉사하십시오. 그리고 성령께서는 꼭 필요한 바로 그 순간에 은사를 베푸신다는 것을 믿으십시오! 그 은사는 사람을 사람되게 하고, 일으켜세우고, 새 생명으로 채워 줄 것입니다.

■ 토요일
신도들에게 내린 성령강림의 기적(사도 4,23-31)

사도행전에서 루가는 신도들에게 거듭되는 성령강림의 기적 가운데 몇 장면을 그린다. 성령강림은 일회적인 사건에 그치는 것이 아니라, 교회가 예수 그리스도를 중심으로 모이고 부활하신 주님과 더불어 아버지께 기도할 때 항상 되풀이되는 사건이다. 사도행전 4,23-31의 장면이 이를 잘 보여준다. 감옥에서 풀려난 베드로와 요한은 동료들에게 가서 대제관들과 원로들이 한 말을 그대로 전해 주었다.

_____ 성령을 기다림 _____

신도들의 반응은 "한마음으로" 소리 높여 하느님께 기도드리는 것이었다. 그들은 예수 그리스도 안에서 드러난 하느님의 위대한 업적을 찬미하며 "주님, 이제 그들의 협박을 살피시고 당신 종들이 온전한 확신으로 당신 말씀을 전하게 하소서. 손을 펴시어 당신 거룩한 종 예수의 이름으로 치유와 표징과 기적을 이루어 주소서"(사도 4,29-30)라고 기도했다. 협박을 받으면서도 신도들은 무엇보다 영이 베푸신 바를 전할 수 있는 자유를 간구했다. 성령을 믿는다는 것은 사람을 두려워하지 않고 자유롭게 하느님의 말씀을 전한다는 것이다. 그리고 성령의 징표는 치유와 표징과 기적이 이루어지는 것이다.

하느님은 기도를 들으시고 성령강림의 기적을 일으키신다. "그들이 기도를 마치자 모여 있던 곳이 흔들렸다. 그들은 성령으로 가득 차서 확신을 가지고 하느님의 말씀을 전했다"(사도 4,31). 마치 성령강림날처럼 그곳이 흔들렸다. 그리스인들에게 '흔들림'은 기도가 받아들여졌음을 의미한다. 루가는 여기서 그리스도교 복음을 그리스인들에게 옮겨 그들을 매료시킬 요량으로 헬레니즘적 모티프를 받아들였음이 분명하다. 성령의 효험을 루가는 "살레위오" saleuo라는 그리스어로 표현했다. 이는 "움직이다, 동요시키다, 흔들다, 떨다, 진동시키다, 흔들리다, 비틀거리다" 등의 뜻을 지닌다. 성령이 신도들 내부에 동요를 일으켰다.

부활 제7주간

모두 한마음이 되어 흔들렸다. 그들은 흔들리고 떨었다. 머리끝부터 발끝까지 총체적으로 내적 동요를 겪는다. 여기서 힘이 나온다. 그리고 이 힘은 모두가 온전한 확신으로 하느님 말씀을 전하고, 하느님께서 명하시는 바를 사람 겁내지 않고 주저없이 말하는 데서 드러난다.

사도행전 2장과 4장에서 루가는 성령강림 체험을 겪고 난 후 달라진 신도들의 삶에 대해 서술한다. 그에게 성령은 교회를 만들고 사람들이 새로운 방법으로 함께 살도록 하시는 분이다. 다양한 성격을 지닌 잡다한 출신의 사람들이 모여 하나가 될 수 있다는 것은 기적이다. "신도들의 무리는 한마음 한정신이 되었으며 아무도 자기 재산을 자기 것이라 하지 않고 모든 것을 공동으로 소유했다. 사도들은 큰 능력으로 주님 예수의 부활을 증언했고 모두 큰 총애를 받았다"(사도 4,32-33). 공동체의 표지는 재물까지도 함께 나눌 마음의 준비다. 큰 힘은 공동체에서 나온다. 예수의 위대한 업적을 완성시킨 성령의 힘이 바로 그것이다. 루가는 신도들에게 일어난 성령강림 기적과 그들 안에 형성된 새로운 공동체를 묘사함으로써 우리 또한 격려하고 고무시키려 한다. 이러한 성령강림 기적은 지금도 일어날 수 있다. 늘 합일하여 기도하고 서로를 받아들이며 삶을 나눌 준비를 할 일이다. 그러면 오늘날에도 교회로부터 다시 큰 힘이, 자유와 담대함의 기운이 뻗어날 수 있을 것이다. 또한 오늘날에도 용기 잃은 사람들이 다시 일어서고 병자들이 치유되고 좌절한 사람들이 새 희망을 가지는 표징과 기적이 일어날 수 있을 것이다.

⚜

어쩌면 그대는 오늘의 교회에 이런 성령강림 기적이 없음을 아쉬워할지도 모르겠습니다. 미사 전례중에도 회중들의 동요는 일어나지 않습니다. 교회가 자유와 격려의 장이 되지 못하는 것 같습니다. 그러나 피로에 지친 교회 안에서도 영이 떨치고 일어남을 더러 목격할 수 있습니다. 그곳에서 땅이 흔들리고 표징과 기적이 일어납니다. 성령께서 그대의 교회 공동체도 흔드실 수 있고, 그곳에서도 사람들이 상처의 치유와 내적 자유를 체험할 수 있음을 믿으십시오! 어쩌면 오늘 성령께서 바로 그대를 통해 사람들을 인도하고 해방하고 치유하고 싶으신지도 모르겠습니다.

성령강림

50일째. 성령과 인간의 완성

성령강림절(오순절)이란 이름은 50을 뜻하는 "펜테코스테"Pentekoste에서 왔다. 그 날은 부활 후 50일째다. 부활절은 성령강림절에서 완성된다. 두 축일은 절기 축제에 기원을 둔다. 부활절은 봄 축제, 성령강림절은 밀 수확 축제다. 유대인들은 이 두 축제를 구원사적 사건으로 해석했다. 부활절은 이집트 탈출을, 성령강림절은 시나이 산에서 계명을 받은 것을 각각 기념한다. 우리 그리스도인들에게 부활절은 예수 부활의 축제고, 성령강림절은 성령이 오심을 기리는 축제다. 어떤 축제라도 인간의 자기완성이라는 의미가 담겨 있게 마련이다. 성령강림절에 우리는 사람됨의 완성을 경축한다. 이 날이 우리가 완전성에 이르는 과정과 어떤 관계가 있는지 알기 위해서 이 축제의 뿌리를 좀더 면밀히 살피는 것이 좋겠다.

우선 50이란 수를 보자. 사람 나이 50이면 노년의 문턱에 선다. 고대 로마의 병역 면제 연령은 50세였다. 아우구스티누스는 50을 상징적으로 해석했다. "이 50일째 날은 또 다른 신비스런 의미를 지닌다. 7에 7을 곱하면 49다. 처음으로 되돌아가면 첫째 날이기도 한 여드레째를 더하면 날수 50이 꽉 찬다. 주님 부활 후 이 50일째 날은 더 이상 노고의 상징이 아니라 평온과 기쁨의 상징으로 축하할 날이다"(Betz 152). 50은 말하자면 평온과 기쁨의 상징이다. 그레고리오 대종은, 사람은 쉰에 이르러서야 현명하고 영적인 인간이 된다고 했다. 그는 레위인들이 스물다섯 살이 되면 만남의 장막에서 봉사할 의무가 있다는 모세의 가르침을 적용했다. 이 의무는 쉰 살에 끝났다(민수 8.24 이하 참조). 그후 레위인들은 (성전의) 거룩한 그릇들을 지키는 자가 된다. 그레고리오 대종에게 이는 지도자 직무를 상징하는 것이었다. 타울러Tauler는 그레고리오 대종의 해석을 받아들였다. 그는 마흔 살 중년이면 영적 위기가 온다고 한다. 40대 이전에는 사람이 갖는 하느님상이 투사로 인해 너무 흐려져 있다. 40대 이후에는 성령께서 하느님과의 관계를 변화시켜, 하느님을 알고 체험하게 해주신다. 쉰 살에야 우리는 영의 사람이 된다. 남들에게 축복의 샘물이 되어 그들을 지혜와 하느님 체험으로 인도할 능력을 비로소 갖추는 것이다.

이스라엘에서는 오십 년이 되는 해를 희년으로 지낸다. "오십 년이 되는 해는 너희가 희년으로 지낼 해이니, 씨를 심지도 말고 절로 자란 것을 거두지도 말라. 이 해가 희년

50일째

이니, 이 해를 거룩하게 지내야 한다"(레위 25,11 이하). 동시에 모든 빚을 탕감받고 종들은 자유를 되찾아야 한다. 이는 사람이 사람답게 되는 것을 아름답게 상징한다. 쉰번째 해는 자각과 안식의 해여야 한다. 지금까지 살아오면서 무엇이 올바르지 않았으며 무엇이 자기의 본성과 하느님의 뜻에 맞지 않았는지 잠시 쉬며 생각해 보아야 한다. '모든 빚을 탕감한다'는 것은 타인과의 반목을 청산하고 관계를 투명하게 하되 자기 자신과 자신의 삶과도 화해함을 뜻한다. 그리고 종들은 해방되어야 한다. 지금까지 종으로 부리며 억압했던 모든 것을 해방시켜 참삶을 살게 해주어야 한다. 스스로도 자신의 가치를 일의 성과만 가지고 인정받는 종이 아니라 하느님의 자유로운 아들딸로 살아야 한다.

성령강림 대축일은 무의식 속에서 맴돌던 이 모든 생각들을 떠오르게 한다. 성령이 우리에게 오시어 우리 안에서도 50이 완성되면 우리도 본래적인 모습, 평온과 기쁨을 획득하고 '거룩한 그릇'을 지키는 자, 말하자면 타인의 인도자·동반자가 될 수 있다. 부활에서 성령강림까지의 50일은 우리에게 사람 되기를 연마시킨다. 부활 복음과 부활 사화들, 그리스도 승천과 성령강림 때의 성령 파견은, 인간의 자기 완성의 길, 무덤을 떨치고 일어나는 길, 우리 일상의 한가운데서 부활하는 길, 자신의 인성으로 내려오고 우리 안의 하늘로 올라가는 길을 그리고 있다. 그 길은

_____ **성령강림** _____

부활하신 분의 길이다. 그분은 우리의 동반자이시며 우리 안에서 말씀하시는 내면의 스승에게로 우리를 이끄시는 분이시다. 우리의 자기 완성은 성령강림 대축일에 파견되어 오시는 성령을 기다리는 데서 시작된다. 성령이 오시면 우리는 온전히 우리 자신이 된다. 그러면 우리의 능력과 가능성이 잠깨어 일어나고 우리 안의 모든 것이 변화될 것이다. 봉오리가 터지고 삶이 꽃을 피운다. 성령강림은 생명의 축제다. 태초에 피조물 위를 휘돌던 하느님의 영이 우리 안에 스미면 우리는 새로이 창조되어 자신의 근원과 하느님이 만드신 대로의 우리 본래 면목을 만난다.

성령강림은 개인의 자기 완성뿐 아니라 교회의 생성과 발전과도 관계한다. 성령강림은 교회의 탄생이다. 성령이 오시면 사람들을 모으시고, 찾는 이 묻는 이 모두에게 열린 공동체를 이루신다. 끼리끼리만의 편협함을 파하고 온 세상의 누룩이 될 공동체가 생긴다. 사람은 공동체에 투신하여 하느님이 우리 모두에게 부여하신 사업에 동참할 때 비로소 자기 완성을 이룩할 수 있다. 그 사업이란, 이 세상을 좀더 사람답게 살 수 있는 세상으로 만들고, 하느님 뜻에 따라 세상을 꾸려가며, 이 세상에 하느님의 영을 깊이 새기는 것이다. 교회는 서로 예수의 부활을 증언하는 공동체다. 그러므로 교회는 희망 없는 곳, 죽음의 어둠이 생명을 이기는 듯 보이는 곳이라면 어디서나, 죽음에 대한

_____ 50일째 _____

삶의 승리, 미움에 대한 사랑의 승리를 증거하고, 죽음의 한복판에서도 부활이 가능하다는 것을 보여주어야 한다.

성령강림 전례

성령강림이 우리 사람됨의 길과 새로운 모듬살이에 이처럼 풍성한 의미를 지니고 있음에도 우리가 할 수 있는 일은 점점 적어지는 것 같다. 그것은 아마 교회가 성령강림절을 위한 특별한 전례를 개발하지 않아서일 것이다. 성탄절과 부활절은 성탄 밤미사와 부활 성야 예식 때 멋들어진 전례를 거행하기 때문에 사람들의 마음에 깊이 각인되어 있다. 그러나 대부분의 신자들이 보기에 성령강림 대축일 미사는 여느 평범한 전례와 크게 다를 바 없이 진행된다. 그러므로 옛 성령강림 전례를 되돌아보고 우리 시대에 맞게 거행함으로써 사람들의 마음에 축일의 신비를 깊이 각인시킴이 중요하다고 본다.

성령강림 대축일 미사의 붉은 제의는 특히 눈에 띈다. 그것은 우리 안에 타오르는 성령의 불꽃을 암시한다. 우리는 성령강림 때 내면의 불과 접한다. 지방에 따라 성령강림 대축일 승마 대회나 흥겨운 가축 몰기 대회(가축을 축사로부터 고원 방목지로 내모는 것 — 역자 주)를 연다. 이런 풍습들은 성령강림 대축일에 사람들이 넓은 들판으로 나가 피조물의 아름

성령강림

다움을 이 축일의 전례와 관련지어 생각했다는 것을 보여 준다. 따라서, 함께 전원을 산책하며 꽃이 만발한 자연을 경탄의 눈으로 바라보는 것도 훌륭한 성령강림 전례가 될 수 있을 것이다. 성령강림 대축일 풍습에는 특별히 물과 관련된 것도 있다. 성령은 우리 안에 솟는 샘물이다. 예부터 샘물은 갱생의 원초적 상징이었다. 하느님의 영이 우리의 갱생을 가능케 한다. 그러므로 성령강림절에는 샘물을 찾아나서서, 샘물이 멈추지 않고 솟아나는 모습을 들여다 보는 것도 의미있는 일일 것이다. 자연 속의 샘물은 우리 안에 솟는 샘, 신적인 것이라 마르지 않고 솟는 내면의 샘을 상징한다. 아니면 시내나 강가에 앉아 물이 어떻게 흐르는지 하염없이 바라보고 있는 것도 좋은 관례가 되겠다. 성령이 우리 안의 굳은 것을 흐르게 하고 메마르고 시든 것을 소생케 할 때, 우리 안에도 다시 생명이 흐름을 거기서 느끼지 않겠는가.

하느님의 영이 땅을 지어 내셨다. 성령은 온갖 피조물에 스며 있다. 자연을 거니노라면, 갖가지 나무와 꽃에서 우리를 반기는 성령이 우리 안에도 흐르는 듯하다. 성령강림 대축일 즈음이면 여기저기 약동하는 생명력이 우리 안에도 용솟음치는 것 같다. 한 번쯤 작정하고 바람 속에 서 보라. 때로는 아주 부드럽게 쓰다듬고 때로는 아주 거세게 휘몰아치면서, 성령이 우리 안의 케케묵은 것들을 전부 닐

50일째

려버림을 느낄 것이다. 태양을 향해 서서 성령을 통해 우리 안에 흘러드는 하느님 사랑의 온기를 온몸에 스미게 해 보라. 바울로가 로마서에서 말했듯이 참으로 성령을 통해 하느님의 사랑이 우리 마음 속에 쏟아지는 것을 느끼게 될 것이다(로마 5,5 참조).

성령강림 미사 때 성령의 은사가 하나씩 적힌 카드를 준비하는 것도 좋은 성령강림 전례가 되겠다. 가령, 영성체가 끝나면 미사에 참여한 모든 신자들이 카드를 한 장씩 뽑는다. 그리고 자기가 뽑은 은사를 일년 내내 실천하도록 노력한다. 이때 굳이 성령의 일곱 은사나 바울로가 고린토전서에서 열거하는 특은에만 국한될 필요는 없다. 하느님이 우리에게 베푸신 모든 능력들이 다 은사다. 이를테면 화해, 확신, 치유, 지도력, 평화, 신중, 신뢰, 개방, 위로, 이해, 현명의 은사 등등 …. 우리가 어느 성령강림 기념 강좌에서 참석자들에게 은사 카드를 뽑게 했더니 그들의 반응이 실로 다양했다. 자기가 뽑은 것이 왜 하필 이 카드였을까를 곰곰이 생각하는 사람도 있었고, 자신이 그 은사를 가지고 있다는 걸 믿지 않는 사람도 있었다. 어떤 사람은 겁을 냈다. 그러나 은사는 요구가 아니다. 치유 은사를 뽑은 어떤 남자는 이것을 어떤 식으로 이해해야 좋을지 숙고했다. 그가 이제부터 어떤 상처도 치유할 수 있다고 생각한다는 뜻이 아니다. 그러나 우리한테서도 때로는

_____ 성령강림 _____

치유 효과가 나오고 말 한마디로 남들에게 용기를 주며 유머로써 그들의 상처를 달래줄 수 있다는 경험 앞에서 그가 예민해진다면 이는 은사 때문이리라. 은사는 우리를 통해 치유가 일어나도록 우리 의식을 날카로이 해줄 것이다. 우리 모두는 스스로 생각하는 것보다 더 많은 가능성을 가지고 있다. 우리가 뽑는 은사는 결코 우연이 아니다. 그것은 은사가 표현하는 것이 다른 사람 아닌 바로 나로부터 나올 가능성을 더욱 의식적으로 고려하게 하는 일종의 도전이다. 지도력의 은사를 뽑은 한 부인은 깜짝 놀랐다. 뭘 어떻게 해야 할지를 몰랐다. 그러나 어떤 상황에서든지 자신이 주도권을 쥐고, 이제껏 해결 불능이라 여겼던 친척간의 문제를 떠맡을 마음이 선뜻 내킬 때까지는 오랜 대화가 필요하지 않았다. 성령의 은사를 뽑는 일은 우리 안의 새로운 능력을 일깨운다. 그것은 우리가 성령강림 대축일에 경축하는 바를 구체적인 삶 속에서 실천하기 위한 멋들어진 의식儀式이다.

맺는 말

우리는 부활 대축일부터 성령강림 대축일까지 50일을 지나왔다. 그러면서 부활 복음과 사도행전의 몇 가지 이야기들을 묵상했다. 그대가 부활의 길에서 새로운 삶을 체험했기를, 또 하느님이 그대에게 선물하신 가능성과 뭔가를 성취할 때나 삶이 우리 안에서 활짝 필 때마다 생기는 기쁨을 누렸기를 바란다. 전례력의 각 시기는 자기완성의 도야 과정이다. 대림과 성탄 시기는 새로운 시작을 뜻하며 우리는 이를 예수의 탄생과 더불어 경축한다. 사순시기는 내적 자유를 단련시키고 삶의 일부이기도 한 고통과 화해하는 시기다. 부활 시기는 새 삶을 발전시킬 때다. 그것은 예수 부활에서 시작하고 성령강림에서 완성된다. 이 시기에는 우리 마음 깊은 곳에 있으면서도 고통스런 체험이나 불만 때문에 잘 드러나지 않던 기쁨을 누릴 일이다. 기쁨은 상처를 치유하고 삶의 의욕을 주는 생명의 원천이다. 기쁨의 샘이 없는 삶은 권태롭다.

영성 문학이 딴 것도 아닌 새 삶의 계발을 등한시한다는 것은 어처구니없는 일이다. 부활의 길을 더 큰 생명력과 자유, 기쁨과 사랑으로 가는 길이라 여기며 의식적으로

_____ **맺는 말** _____

따르는 일이 그래서 내게는 중요해 보인다. 부활의 길을 의식적으로 따르는 사람은 그리스도교 신앙의 핵심을, 즉 예수의 죽음과 부활의 신비, 그리스도 승천과 성령 파견의 신비를 체험할 것이다. 그리고 인간적 자아완성의 신비 속으로 인도될 것이다. 사람됨의 길은, 일어서고 넘어지고 땅에 묻히고 다시 일어서고 떠나고 작별하는 과정을 겪어야 하며, 우리 안의 하늘과 내적 스승의 경험과 성령을 거쳐 지나가야 한다. 성령은 우리 안에 쏟아져 내면의 삶을 꽃피우며 우리의 능력과 가능성을 발전시킨다.

부활사화에는 부활 체험에 다양하게 반응하는 인물들이 나온다. 그들은 의심하고, 일어서라는 도전에 저항하고, 그들을 변화시키고 싶어하는 성령께 마음의 문을 닫는다. 그러나 결국 대부분은 부활의 힘에 압도되고 성령의 생명력에 사로잡히게 된다. 우리는 이들에게서 우리 자신의 모습을 본다. 그들은 우리가 의심과 두려움을 넘어서 부활과 완성의 길을 찾고, 일상 속에도 부활과 성령강림이 일어나 삶을 변화시키도록 격려한다.

부활의 길이, 그리스도께서 약속하시고 부활 시기에 교회가 기리는 생명의 풍성함으로 그대를 인도하기를! 부활의 기쁨이 그대를 휘감아 소생시키기를! 부활 대축일부터 성령강림 대축일까지만이 아니라 일년 내내, 더욱이 부활을 특별히 묵상하는 매주일마다 이 기쁨을 누리기를!

참고 문헌

Anselm von Canterbury, *Gebete*, übers. und eingel. v. Leo Helbling, Einsiedeln 1965.

Otto Betz, *Das Geheimnis der Zahlen*, Stuttgart 1989.

Walter Grundmann, *Das Evangelium nach Matthäus*, Berlin 1968.

Walter Grundmann, *Das Evangelium nach Lukas*, Berlin 1966.

Heribert Mühlen, *Charisma*, in LexSpir 183-187.

Rudolf Pesch, *Die Apostelgeschichte*, Zürich 1986.

Evagrius Ponticus, *Praktikos. Über das Gebet*, Münsterschwarzach 1986.

Karl Rahner, *Kleines Kirchenjahr*, München 1953.

Jacobus de Voragine, *Legenda aurea*, aus dem Lateinischen übers. v. Richard Benz, Köln 1969.